꿈꾸는책방

차례
Contents

03동물도 행동을 할까? 14세 살 버릇 여든 간다 27그러니까 내 말은 말이지…… 38혼자가 아닌 더불어 사는 사회 52내 사랑을 받아주세요 63눈에 넣어도 안 아픈 내 새끼 74문명 앞에는 숲이 있고 문명 뒤에는 사막이 남는다 86인류, 혼자만 잘 살 수 있을까?

동물도 행동을 할까?

동물 행동의 정의

동물의 행동이란 무엇인가? 이러한 질문은 참으로 쉬운 것 같지만 막상 대답을 하려면 쉽지 않다. 사실 우리는 동물의 행동에 대해 이미 많은 것을 알고 있다. 집에서 키우는 강아지는 주인이 외출했다 돌아오면 꼬리를 흔들고, 방바닥을 뒹굴고, 주인의 다리에 매달리기도 한다. 강아지의 이런 행동을 통해서 우리는 강아지가 주인을 보고 반가워하며 기뻐하고 있음을 알 수 있다.

또한 비가 올 무렵의 동물의 행동에 대해서도 초등학교 시절에 들은 바가 있었을 것이다. 제비가 낮게 날아다니거나, 개미가 부지런히 움직이면서 굴의 입구를 막는 행동을 하면 얼마 있지 않아서 비가 올 것이라고 한다. 제비나 개미의 이러한 행동을 통해서 우리의 선조들은 비가 올 것을 예측했다.

지구상에 존재하고 있는 동물들은 여러 가지 다양한 움직임을 보인다. 그런데 움직임이 의미하는 것이나 움직임이 일어나는 시기와 형태, 정도는 각각 다르다. 이러한 동물의 움직임, 즉 신체 외부로부터의 자극(stimulus)에 대한 반응(response)에 의해 나타나는 모든 움직임을 행동(行動, behavior)이라고 한다. 또한 동물의 행동을 관찰하고 파악한 후 각각의 행동 특성과 의미를 규명하고자 많은 학자들이 노력하고 있다. 동물행동학(動物行動學, ethology)이란 바로 동물의 행동을 연구해서 각각의 행동이 갖는 의미를 탐구하는 학문이다.

현대 동물행동학의 본격적인 탐구는 근사한 연구실이나 최첨단의 장비를 갖춘 실험실이 아닌, 오스트리아의 알텐베르크라는 한 시골마을에서 회색기러기를 대상으로 1934년부터 시작되었다. 로렌츠(Konrad Lorenz)는 갓 부화한 새끼 회색기러기가 처음으로 본 움직이는 물체를 보고 따라 다니는 행동을 하는 것을 발견하고, 실험을 해 보았다. 이들의 둥지에서 알을 몇 개 꺼내 부화기에서 인공적으로 부화를 시켰고, 나머지 알은 그대로 거위 둥지에서 어미가 품게 하였다. 어미에 의해 부화된 새끼들은 어미를 따라 다니면서 성장했으며, 다른 회색기러기들과도 정상적인 행동을 보였다. 그러나 부화기에서 인공적으로 부화된 새끼들은 부화되자마자 처음 몇 시간 동안 어미가 아닌 로렌츠와 같이 있었다. 그러자 이들은 로렌츠를 졸졸 쫓아다녔고, 어미 혹은 어미에 의해 부화된 다른 형제들을 전혀 알아보지 못했다. 즉, 로렌츠는 갓 부화한 회색기러기는 처음 본 대상을 어미로 인식하고 따라 다니고 또한 이를 기억한다는 사실을 밝혀냈으며, 이러한 현상을 각인(imprinting)이라고 이름 붙였다.

각인에 대한 연구는 현대 동물행동학의 시작이며, 매우 중요한 연구라고 할 수 있다. 로렌츠의 뒤를 이어 전 세계적으로 많은 학자들이 동물의 행동을 이해하고 규명하기 위해 노력 중이다. 이 시간에도 숲, 강, 바다, 섬, 사막 등 동물들이 살고 있는 모든 서식지(habitat)에서 열심히 동물의 행동을 관찰하고 기록하면서 연구에 매진하고 있다.

동물행동의 분류

동물의 행동은 크게 개체유지 행동과 사회 행동으로 구분할 수 있다. 개체유지 행동은 말 그대로 각각의 동물 개체가 스스로의 생존을 위해서 필요한 기본적인 것을 해결하고 충족시키기 위한 행동을 말한다.

먹이를 먹거나 물 마시기, 휴식하기, 잠자기, 몸속 노폐물의 배설, 몸의 깃털 다듬기나 털 고르기와 같은 몸단장하기, 먹이나 경쟁자 혹은 포식자를 찾아내기 위한 탐색, 자신의 몸을 위험에 빠지지 않게 하기 위한 다양한 호신 행동 등이 개체유지 행동에 속한다. 이러한 개체유지 행동은 주변의 동료나 다른 동물들과는 상관없이 각각의 동물 개체가 독립적으로 하는 행동이 대부분이다.

개체유지 행동과 사회 행동의 구분

동물들은 살아가면서 주변의 다른 동물들과 많은 관계를 맺으면서 살아가고 있다. 동물이 혼자서 행동을 하는 것이 아니라 주변 다른 동물들에게 영향을 주거나 받으면서 하는 행동을 사회 행동이라고 한다. 이성으로부터 사랑을 얻기 위한 과시, 성공적인 번식을 위한 성행동, 다른 동물에 대한 공격, 여러 개체들이 무리를 이루어 생활하는 행동, 새끼 돌보기, 형제 혹은 친구들과의 놀이, 자신의 세력권을 다른 개체로부터 지키기 위한 방어 행동 등이 사회 행동에 속한다.

개체유지 행동	사회 행동
먹이 먹기	과시(display)
물 마시기	성행동
휴식과 잠자기	공격
배설(eliminative)	무리 생활
몸단장하기	새끼 돌보기
탐색하기(exploratory)	놀이
호신(self-protective)	세력권 방어(territorial defense)

개체유지 행동과 사회 행동

또한 동물의 행동을 쉽게 이해하기 위해서 선천적 행동, 학습 행동, 조정 행동, 공격 행동, 이상 행동 등으로 구분하기도 한다.

선천적 행동

선천적 행동(innate behavior)은 동물이 태어나면서부터 하는 행동을 말한다. 신생아들은 배고픔, 아픔, 불편함 등을 느낄 때 울음으로써 부모 및 주변 사람들에게 이를 알린다. 아기의 울음과 같이 누구에게 배우지 않고 태어나면서부터 행하는 행동이 바로 선천적 행동이다.

동물의 선천적 행동으로 잘 알려져 있는 것이 새끼 뻐꾸기의 행동이다. 뻐꾸기는 번식할 때 자신이 만든 둥지에 알을 낳지 않는다. 대신 붉은머리오목눈이 혹은 박새와 같이 다른 새의 둥지에 몰래 자신의 알을 낳아 번식하는 습성을 가지고 있다. 이러한 습성을 탁란(托卵, brood parasite)이라고 한다. 다른 새의 둥지에 낳은 뻐꾸기 알은 원래 둥지에 있었던 다른 새의 알들보다 일찍 부화한다. 부화되자마자 눈도 뜨지 못한 새끼 뻐꾸기는 누가 시키지도 않았는데 의붓어미가 둥지에 낳아놓은 알을 등으로 밀어 둥지 밖으로 떨어뜨린다. 다른 알들을 둥지 밖으로 모두 밀어내고 둥지에 혼자 남게 된 새끼 뻐꾸기는 의붓어미로부터 혼자 먹이를 얻어먹으면서 건강하게 성장하게 된다. 즉, 경쟁자가 될 수 있는 의붓어미의 알들을 모두 제거하여 자신의 생존율을 극대화하는 것이다. 새끼 뻐꾸기의 이러한 행동은 의붓어미의 알이나 새끼들과 직접적으로 먹이나 공간을 차지하기 위한 경쟁이나 필요에 의한 것이 아닌 선천적인 행동이다.

몇 해 전까지만 해도 매시 정각마다 새의 모형이 튀어나와 시간을 알려주는 뻐꾸기시계가 우리나라에서 큰 인기를 끌었다. 그런데 뻐꾸기의 탁란에 관한 번식생태가 한 방송사의 프로그램에 의해 국민들에게 널리 알려진 후, 뻐꾸기가 온 국민의 지탄의 대상이 되었다. 이유인즉 뻐꾸기는 너무 얄미운 새라는 것이다. 그 후 뻐꾸기시계의 판매량이 급감해서 생산업체들이 많은 어려움에 빠졌다는 웃지 못할 일이 있었다.

학습 행동

학습 행동(learned behavior)이란 어미 혹은 다른 동물들로부터 살아가는 데 필요한 기술이나 처신 방법 등을 배워서 하는 행동을 말한다. 모든 동물들은 태어나서 죽을 때까지 주변 환경으로부터 많은 영향을 받으면서 생활한다. 또한 같은 종의 동물이라 할지라도 살고 있는 서식지의 환경 특성이 다를 수 있다. 그러므로 각각의 동물들은 자신에게 주어진 주변 환경에 맞추어 생활하는 것이 바람직하다. 주변 환경이나 상황에 적합한 행동을 어미나 동료들로부터 배우는 것은 살아가는 데 매우 큰 도움이 된다.

먹이를 찾는 방법, 잠자리나 둥지를 만드는 방법, 위험으로부터 피하는 방법, 사냥하는 방법 등은 각각의 동물이 일생을 살아가는 데 꼭 필요한 기술이나 방법이다. 이러한 기술이나 방법은 대부분 후천적인 학습을 통해서 배우게 된다. 또한 학습의 상당부분은 어릴 적에 체계적으로 이루어진다. 많은 동물들은 태어나거나 부화한 후 어미들과 같이 생활하는 유년기 때 앞으로 살아가는 데 필요한 기술이나 방법을 터득한다. 그리고 어느 정도 학습이 끝나고 신체적으로 성숙한 동물들은 미숙하게나마 어미로부터 독립된 생활을 시작한다. 그렇게 주변 환경에 홀로 적응하면서 독자적인 생활을 해나가는 과정을 통해 동물은 더욱 많은 경험과 시행착오를 거쳐서 비로소 완벽하게 독립생활을 하는 개체로 생존할 수 있다.

그런데 독립하기 전, 어미로부터 보호와 학습을 받는 기간은 동물별로 천차만별이다. 작은 새들의 경우 3~4개월이면 어미로부터 독립하지만, 영장류의 침팬지나 오랑우탄은 몇 년씩 어미의 보살핌을 받기도 한다. 사람의 경우는 어떠한가? 20세 전후가 되면 법적·신체적으로 성년이 된다. 그런데 요즘은 대학을 졸업하고 직장을 가지고도 부모로부터 도움을 받는 젊은이들이 많은 것 같다. 또한 문명이 발달할수록 배워야할 것들이 너무 많아지는 탓인지, 학교 교육을 받는 기간 역시 증가하고 있다. 필자 주변에 잘 알고 지내는 50대 초반의 선배님이 한 분 있다. 이 분이 최근에 늦둥이를 보셨는데, 최소한 서른 살까지는 아이를 돌봐 주어야 하는데 과연 그때까지 당신

께서 경제활동을 할 수 있을지를 걱정하시는 말씀을 얼마 전에 들은 적이 있다. 독립적인 생활을 위해서 사람에게는 30년 정도의 학습 기간이 필요한가 보다. 하긴 이제는 학교 교육으로 끝나는 것이 아닌, 평생 교육의 시대라고 하지 않는가.

조정 행동

동물들을 둘러싸고 있는 주변 환경은 언제나 똑같은 것이 아니라, 시기별로 혹은 자연재해나 인위적인 환경 파괴 등의 원인으로 변화무쌍하다. 그 결과 먹이, 잠자리, 물, 피난처, 둥지, 공간, 경쟁자, 포식자, 기생충 등 동물이 살아가는 데 영향을 주는 많은 요인들이 변화한다. 이렇게 다양하게 변화하는 주변 환경은 동물들에게 직접적으로 큰 영향을 미친다.

그러므로 동물들은 살아남기 위해 변화된 주변 환경에 적응해야 하는데, 주변 환경에 적응하여 행동을 조절하는 것을 조정 행동(modified behavior)이라고 한다. 동물원에서 살고 있는 많은 야생동물에게서 조정 행동의 대표적인 예들을 찾아볼 수 있다. 동물원 동물들의 행동은 야생에서의 행동과 비교해 보았을 때 커다란 차이를 보인다. 이는 서식환경의 변화에 대한 동물의 행동 변화에 기인한 것이라 할 수 있다.

특히 대형 맹수류들을 동물원에서 번식시키는 것은 매우 어려운 것으로 알려져 있다. 중국으로부터 기증받아 광릉의 국립수목원에서 사육하고 있는 시베리아호랑이 역시 동물원 내에서 번식이 되지 않자, 2005년 말에 중국으로부터 또 다른 개체를 기증받아 번식을 시도하고 있다고 한다. 이러한 번식률의 감소 역시 넓은 서식지에서 자신의 세력권(territory)을 가지고 생활하던 호랑이들이 좁은 공간에서 인위적으로 공급하는 먹이를 먹고 생활하게 됨에 따라 정상적인 번식 행동을 하지 못함으로써 일어나는 현상으로 생각된다.

공격 행동

공격 행동(aggressive behavior)은 어떤 동물이 다른 동물을 위협하거나, 물리적인 압력을 가해 상대방을 제압하거나 물리치는 행동을 말한다. 공격 행동은 여러 원인에 의해 나타나며 그 정도와 유형 역시 매우 다양하다.

단독으로 생활하지 않고 무리(flock)를 이루어 생활하는 사회적 동물인 경우, 무리 내에서 서열 혹은 순위를 결정하기 위한 수단으로 공격 행동을 보인다. 이 시기에는 공격 행동이 매우 자주 발생하고 또한 매우 격렬해서 부상을 입거나 심지어 죽기도 한다. 또한 다른 동물들에 대해 배타적으로 자신의 고유한 세력권을 가지고 생활하는 동물들도 자신의 세력권에 다른 동물들이 침입하면 이들을 쫓아내기 위해서 매우 적극적인 공격 행동을 보이기도 한다. 세력권을 지키기 위한 적극적인 공격 행동은 주로 번식기(breeding season)에 관찰할 수 있다.

육식동물들이 먹잇감을 사냥할 때에도 매우 적극적인 공격

11

행동을 보이는데, 이러한 예는 맹수들이 사냥을 하는 과정에서 쉽게 발견할 수 있다. 그 밖에 심하게 공포감을 느낄 때나 짝짓기 동안 암컷과 수컷의 불협화음 시, 배가 고프거나 피로할 때, 새끼들을 돌보거나 먹이를 먹고 있는 동안 방해를 받을 때 등 다양한 경우에 동물은 공격적인 행동을 취한다.

이상 행동

동물들이 정상적인 범위를 넘어선 행동을 보이는 경우를 이상 행동(abnormal behavior)이라고 한다. 이상 행동은 여러 다양한 원인들이 복합적으로 작용해서 나타난다. 특히 동물원에서 사육되고 있는 동물이나, 경제적인 이용의 목적으로 사육되고 있는 소, 닭, 돼지와 같은 산업동물에게 많이 발생하고 있는 것으로 알려져 있다. 즉, 제한된 공간에 너무 많은 개체수의 동물을 사육함으로써 발생하는 공간적 협소함, 동물의 행동과 생태에 적합하지 않은 사육시설의 구조적 문제, 운동부족, 심리적 및 유전적 요인 등 다양한 원인들에 영향을 받아 동물의 이상 행동이 일어나는 것으로 판단된다.

특히 동물원에서 사육하고 있는 동물들의 이상 행동으로 인해 사육사들이 어려움을 겪기도 한다. 이들이 보이는 갑작스러운 공격적 성향, 다른 개체들과의 관계 악화, 번식률 감소 등은 스트레스가 원인으로 나타나는 이상 행동이라고 많은 학자들이 주장하고 있다.

이상 행동의 일반적인 특징은 단조롭고 규칙적이지만 매우 무의미한 행동을 반복적으로 하는 것이다. 우리나라에는 현재 상당수의 반달가슴곰이 농가에서 사육되고 있다. 이들은 대부분 쓸개를 이용하기 위한 목적으로 동남아시아로부터 수입되었다. 그런데 몇 년 전 쓸개즙을 채취하는 방법이 너무 잔혹하고 반달가슴곰에게 고통을 준다는 것이 알려지면서, 쓸개즙 및 반달가슴곰의 이용 자체가 법적으로 전면 금지되었다. 그러나 법적으로 금지만 되었지 사후 처리에 관한 어떠한 조치도 없이 반달가슴곰들은 현재까지 그대로 농가에서 사육되고 있는 실정이다. 이들 남방계 반달가슴곰들은 사육공간의 협소에 따른 공간적인 제약과 놀잇감의 부족으로 인한 스트레스 때문에 이상 행동을 보이는 경우가 많다. 대표적인 이상 행동으로 이들은 철창을 잡고 일어선 자세로 고개를 끄떡끄떡하는 행동을 몇 시간이고 아무런 의미 없이 반복한다.

경제적인 이용을 목적으로 사육하기 시작한 반달가슴곰은 사람들에 의해 고통을 당하고 또한 심리적, 정서적으로 이상 행동을 보이며 살고 있는 형편이다. 만물의 영장이라고 자부하고 있는 사람이 진정한 만물의 영장으로서 제대로 된 삶을 추구하는 모습을 보여야 할 때인 것 같다.

세 살 ^{버릇 여든 간다}

유전

근래 들어 생명공학의 발전으로 유전자(gene)에 관한 연구가 매우 활발하게 이루어져 많은 연구결과들이 발표되고 있다. 그 대표적인 예가 유전자의 정보를 밝히기 위한 게놈(genome)에 관한 연구이다. 유전자에 포함되어 있는 여러 유전정보의 파악을 통해서 생명의 신비를 밝히고, 이를 응용하여 사람의 여러 질병 치료에 도움을 주고자 하는 목적이다.

동물의 행동에 유전적인 요인이 영향을 주는가에 관해서는 많은 연구자들에 의해 긍정적인 결과들이 제시되고 있다. 태어난 후 어미나 주변의 다른 동물들로부터의 영향 혹은 상호

관련 없이도 동물이 보이는 선천적인 행동들이 바로 유전에 의한 행동의 예라고 할 수 있다.

개는 사람과 더불어 오랫동안 같이 살아왔던 동물 중의 하나이다. 개의 기원에 대해 많은 연구들이 이루어져 왔는데, 요즘 많은 학자들은 늑대가 개의 조상이라는 데 동의하고 있다. 늑대는 여러 마리가 무리를 이루어서 살고 있는 사회적 동물이다. 그러므로 이들은 무리 내 개체들과의 유대관계를 매우 중요시하고 또한 무리가 점유하고 있는 세력권을 다른 무리로부터 지키려고 하는 습성을 가지고 있다.

그런데 늑대의 후손인 개는 사람에 의해 길들여져 사람과 같이 살게 된 이후, 더 이상 자신의 세력권을 유지할 필요가 없어졌다. 주인이 음식과 잠자리 등 필요한 것들을 모두 제공해 주기 때문이다. 그런데 요즘에도 집에서 키우고 있는 애완견 중 특히 수컷은 새집으로 이사를 하거나, 가구를 새롭게 바꾼 경우 여기저기에 소변을 보는 것을 쉽게 관찰할 수 있다. 사람과 같이 살고 있는 애완견은 세력권을 형성할 필요가 없지만 과거 늑대 시절의 습성이 아직도 유전자 속에 남아 있기 때문에 이와 같은 행동이 나타나는 것이라고 할 수 있다.

"사람의 행동 역시 유전적인 영향을 받는가?"라는 질문에 많은 사람들은 "그렇다"고 대답할 것이다. 그 예로 필자는 선천적으로 왼손잡이인데, 유교적인 생각으로 완고하셨던 할아버지께서는 손자의 왼손 사용을 아주 못마땅해 하셨다. 그 결과 어려서부터 호통과 꾸지람 속에서 오른손을 쓰기 위한 많은 노력과 시도를 해야만 했다. 피나는 연습의 결과, 지금은 오른손과 왼손을 모두 사용할 수 있어 때때로 아주 편리하기도 하다. 그러나 필자는 역시 왼손잡이이다.

그런데 우리 옛말에 '씨도둑은 못 한다'라고 했던가. 올해 초등학교 2학년인 아들 녀석이 왼손잡이다. 연필을 쥐고, 젓가락질을 하는 것이 오른손으로는 영 서툴다. 축구를 할 때 자세히 보면 오른발보다 왼발을 더 잘 쓴다. 식탁에서 마주 대할 때마다 오른손보다 왼손으로 능숙하게 젓가락질을 하는 모습을 보면 왠지 웃음이 자꾸 나온다.

각인

각인은 앞서 언급한 바와 같이 로렌츠에 의해 많은 연구가 이루어졌다. 각인은 동물의 일생 중에서 주로 태어나자마자 성장 초기에만 나타나는 행동이다. 이를 통해서 갓 태어났거나 부화된 새끼와 어미 사이에는 매우 끈끈한 관계가 형성되며, 형성된 관계는 끊어지지 않고 계속 유지된다.

각인으로 어린 동물들은 어미들과의 강한 유대감을 형성하고 그 결과 위험으로부터의 회피, 먹이의 안정적인 공급 등을 통해서 초기 생존율을 극대화할 수 있다. 또한 어미의 입장에서도 자신의 유전자를 가지고 있는 어린 새끼들을 안전하게 보호 및 성장시킴으로써 자신의 유전자를 후대에 더욱 많이, 그리고 안전하게 물려줄 수 있다는 장점이 있다.

각인을 통해 동물들은 어미뿐만 아니라, 형제, 친척, 동료 혹은 이성을 인지할 수 있는 능력을 잠재의식 속에 가지게 된다. 특히 성장한 후 번식기에 도달하면 어려서 각인된 기억이 이성을 인지하고 구애 및 짝짓기를 통한 번식 성공에 큰 영향을 미친다고 한다.

어떤 동물학자들은 철새의 이주(migration)나 연어와 같은 물고기가 회귀하는 행동을 각인을 통해 설명하고자 한다. 철새는 태어난 번식지와 겨울을 나는 월동지 사이를 계절적으로 이동하는 행동을 보인다. 번식지와 월동지의 지형, 숲의 형태와 같은 환경이 새의 기억 속에 각인이 되었기 때문에 계절에 따라 반복적인 이동이 가능하다고 한다. 또한 연어는 산란을 위해서 자신이 태어난 장소로 다시 되돌아오는데, 이는 그들이 갓 부화한 새끼 물고기인 치어(稚魚)일 때 부화장소인 하천의 지형이나 냄새 등이 각인되었기 때문에 몇 년이 지난 후에도 같은 장소로 회귀할 수 있는 것이라고 한다.

동물들의 귀소 본능 중에서 비둘기의 귀소성은 잘 알려져 있는 사실이다. 비둘기는 멀리서 날려 보내도 자기가 태어난 곳으로 되돌아오는 귀소능력이 있다. 이러한 귀소성을 이용해서 비둘기는 오랜 옛날부터 통신용으로 폭 넓게 이용되어 왔다. 특히 전쟁에서 그 효용가치가 매우 높았는데, 로마시대뿐 아니라 20세기 초 러일전쟁에서도 비둘기를 통신에 이용하였고, 임진왜란 당시 이순신 장군도 비둘기를 이용해서 연락을 했던 것으로 알려져 있다.

사람들도 특히 동양인들이 연중 한두 번씩 고향을 찾기 위한 대이동을 한다. 우리나라의 설과 추석, 중국의 춘절(음력 설)에 고향을 찾는 것이 바로 그것이다. 또한 고향을 떠나 타향이나 멀리 외국에서 사시던 어르신들께서 연세가 많이 드시면 고향을 그리워하는 경우를 주변에서 종종 볼 수 있다. 사람도 자신이 태어나서 자란 고향을 그리워하고 돌아가고자 하는 회귀본능이 있다면 이 역시 자신의 기억 속에 각인되어 있는 어릴 적 고향에 대한 추억과 향수 때문일 것이다.

초기 경험

동물들은 자신의 삶 속에서 해본 많은 경험을 통해 행동을 발달시키기도 한다. 특히 어릴 적의 초기 경험(early experience)은 동물들이 일생을 살아가며 하는 많은 행동에 영향을 주기도 한다.

동물의 초기 경험에 대한 실험으로는 쥐를 이용한 다음과 같은 실험이 잘 알려져 있다. 같은 어미로부터 한배에서 태어난 암컷 쥐 두 마리 중 한 마리는 다른 형제자매들과 같이 어미의 보살핌을 받으며 정상적인 생활을 하면서 성장하도록 하였다. 반면 다른 한 마리의 암컷은 태어나자마자 어미로부터 강제로 분리되어 우리 안에서 사람에 의해 우유병으로 먹이를 공급받으며 성장했다. 즉, 어미의 보살핌이나 다른 개체들과의 상호관계 없이 고립되어 성장한 것이다. 그리고 이 두 마리의 암컷이 모두 성장하여 번식기에 도달하자 새끼를 낳아 키우도록 하였다. 그러자 새끼를 돌보는 행동에 있어서 명확한 차이가 나타났다. 즉, 어미의 보살핌을 받고 자란 암컷은 자신의 새끼들을 잘 먹이고 보살폈지만, 혼자 자란 어미는 새끼들에게 젖을 먹이고 돌보는 것이 매우 어설프고 때로는 새끼들을 거부하기도 하였다. 이러한 실험을 통해서 어렸을 적의 초기 경험이 성장 후의 행동에 많은 영향을 미친다는 것을 알 수 있다.

사람의 경우도 초기 경험이 성장해서 생활이나 행동에 영향을 미치는 경우를 많이 발견할 수 있다. 예를 들어 어렸을 때 어떤 음식을 먹고 체해서 심하게 고생을 한 사람은 나중에 성인이 되어서도 그 음식에 대해서는 매우 강한 거부감을 보이는 경우가 있다. 또한 젊은 엄마들의 경우 어릴 적 자신의 어머니와 생활했던 경험이 자신의 아이들을 키우고 양육하는 데 많은 영향을 주는 것을 주변에서 쉽게 발견할 수 있다.

놀이

동물들의 놀이(play)에 대해서는 아직 잘 알려진 바가 없고, 몇몇 종의 조류와 포유류에서만 관찰되고 있다.

동물들의 놀이에는 몇 가지 특징이 있다. 먼저 동물들의 행동은 특정한 목적 혹은 대가를 수반하는 경우가 대부분인데, 놀이는 그렇지 않다. 일반적으로 동물들의 진지한 활동 후에는 생물학적으로 의미 있는 결과가 뒤따른다. 사냥을 통한 먹이의 획득, 구애 행동을 통해 이성을 차지하는 것이 그 예이다. 그런데 놀이를 통해서는 아무런 보상이 없다. 동물들이 놀이에 빠지는 경우는 어떤 만족시켜야 할 절실한 필요나 욕구가 따로 없을 때가 대부분이다.

또한 놀이를 할 때 나타나는 움직임은 어떤 일정한 순서에 따라 계획적으로 이루어지는 것이 아니다. 즉, 먹이를 찾거나 경쟁자를 물리치기 위한 행동은 정형화되어 있어 움직임이나 소리, 표정 등이 일정한 순서나 특징을 가지고 있다. 그에 반해 놀이를 하는 동안의 움직임은 매우 우발적이다.

여러 마리의 동물이 함께 놀 때 역할을 바꾸어 놀이를 하는 경우가 흔히 일어난다. 또한 놀이는 끊임없이 되풀이될 수 있다. 대부분의 동물 행동은 몇 번 되풀이되면서 그 정도와 빈도가 약해지거나 싫증을 내면서 하고 있는 행동을 멈추는 경우가 많다. 동물들의 가장 중요한 행동 중의 하나인 구애 혹은 성행동 역시 시간이 지날수록 혹은 횟수가 많아질수록 감소하거나 약화된다.

동물들의 놀이 과정 속에는 상대방을 배려하는, 일종의 사회적 억제가 지속된다. 새끼 사자나 강아지들이 서로 넘어뜨리고 물면서 놀이를 할 때, 상대방에게 상처를 주거나 생명을 빼앗을 정도로 심하게 물지는 않는다. 즉, 어느 정도의 한계를 두고 놀이를 하는 것이다.

놀이를 하는 이유는 동물들이 몸을 움직일 필요가 있거나 긴장을 해소하고 운동을 하거나 또는 학습할 필요가 있기 때문이라고 한다. 놀이를 통해 어린 동물들은 상당한 운동효과를 거둘 수 있다. 당장 생존을 위한 활동이 필요하지 않은 어린 개체들은 입으로 물거나 나무에 매달리고 뛰어다니는 놀이를 즐기는데, 이러한 신체의 움직임을 통해서 장차 생존에 필요한 먹이를 제압하고 추격하기 위한 이빨이나 근육, 발톱을 강하게 단련시킬 수 있다.

또한 놀이는 그 대상이 되는 다른 동물들과의 유대감을 강하게 형성한다는 점에서 중요한 역할을 한다. 놀이를 통해 동물들은 다른 개체들과의 협동이나 경쟁을 경험하게 된다. 특히 강한 유대관계의 형성을 통해서 장차 무리나 가족을 유지할 수 있도록 다른 개체들과의 협동심이나 사회적인 순위를 결정하는 방법을 터득하게 된다.

학습

동물은 자신이 처한 환경에 따라 행동을 변화시키고 변화된 행동을 오랜 시간 동안 유지할 수 있는 있는데, 이러한 행동의 변화를 학습(learning)이라고 한다.

동물원이나 놀이공원에 가면 사람의 목소리를 흉내 내는 구관조를 볼 수 있다. 구관조는 주변으로부터 들리는 음성신호에 매우 민감하고 이를 훌륭하게 흉내 낼 수 있는 성대 구조를 가지고 있다. 또한 사람의 목소리를 지속적으로 듣고 반복하여 흉내 낸 결과 방문객들이 하는 말을 따라 할 수 있게 된 것이다.

동물의 학습 형태

동물의 학습 능력은 종이나 개체에 따라 큰 차이를 보인다. 우리 주변에서 쉽게 볼 수 있는 박새의 경우 다른 새가 내는 소리를 쉽게 모방할 수 있다. 산에 살고 있는 대부분의 새들은 번식기인 봄에 이성을 찾기 위해 종별로 구분할 수 있는 매우 특징적인 노래 소리를 낸다. 그런데 박새의 경우 다른 새의 노래 소리를 흉내 내는 경우가 있어 번식기의 노래 소리가 매우 다양하다.

동물의 학습 형태의 예로는 익숙, 연상학습, 시행착오, 모방, 혁신 등 다양한 것들이 있다. 각각의 특징을 살펴보면 다음과 같다.

익숙(habituation)은 동물들의 매우 수동적인 학습 형태로서 습관화라 불리기도 한다. 처음에 자극을 받았을 때는 그에 대한 반응을 보이지만, 같거나 비슷한 자극이 지속적으로 반복되면 나중에는 이러한 자극에 대해 더 이상 아무런 반응을 보이지 않는 것을 말한다.

사람의 행동에 동물이 익숙해지면서 일어나는 재미있는 현상이 있다. 새들은 먹이가 부족해지는 겨울에 인가 주변이나 사람에게 접근하는 경우가 있다. 이때 손바닥에 쌀이나 땅콩

학습 형태	특 징
익숙	반복적인 자극에 의한 무반응 행동
연상학습	보상과 처벌의 연계로 인한 행동 변화
시행착오	반복적인 경험으로 인한 행동 변화
모방	다른 동물을 흉내 내는 행동
혁신	새로운 상황에서의 창의적 행동

동물의 학습 형태

과 같은 먹이를 올려놓고 있으면 새들이 사람의 손바닥에 앉아서 먹이를 물고 재빨리 날아간다. 그런데 이러한 먹이공급을 며칠 동안 지속적으로 계속하면 새들은 사람이 먹이를 주는 것에 익숙해진다. 그러면 사람이 손으로 주는 먹이를 별 거부감 없이 먹기도 한다.

사람 역시 익숙에 의한 행동을 보이기도 하는데, 우리가 잘 알고 있는 동요에서 익숙에 의한 학습 형태를 쉽게 발견할 수 있다. '기찻길 옆 오막살이 아기아기 잘도 잔다. 칙~폭~ 칙칙폭폭 칙칙폭폭 기차소리 요란해도 아기아기 잘도 잔다'는 가사의 동요에 나오는 아기는 전형적인 익숙의 학습 형태를 보이고 있다. 아기가 기차 지나가는 소리를 처음 들었을 때에는 매우 놀라서 울거나 심할 경우에는 경기를 일으켰을지도 모른다. 그러나 기차 소리가 반복적으로 계속되고 기차가 지나가도 소리만 날 뿐 아무런 해가 되지 않는다는 것을 알게 되면서 아기는 더 이상 기차소리에 반응을 하지 않고 심지어는 잠에서 깨지도 않고 잠을 잘 잔다는 해석이 가능하다.

어린이의 먹이 주기에 익숙해진 곤줄박이

연상 학습(associative learning)은 동물이 외부로부터의 특정한 자극에 대해 반응을 한 결과 벌을 받거나 상을 받았을 때 그와 연관되어 배우게 되는 행동이다. 사람들이 많이 있는 공원에서 살고 있는 비둘기들은 다른 새들과는 달리 사람을 무서워하지 않고 오히려 사람 주위로 몰려드는 것을 볼 수 있다. 이는 사람들이 공원에서 지속적으로 비둘기에게 먹이를 줌으로써 비둘기들이 '사람 주변에 가면 먹이를 먹을 수 있다'는 것을 연상 학습을 통해 알고 있기 때문에 나타나는 현상이다.

연상 학습과 관련된 현상 중의 하나가 조건반사(conditioned reflex)이다. 개를 이용한 소화액 분비에 대해 러시아의 동물생리학자인 파블로프(Ivan Pavlov)가 했던 연구가 좋은 예이다. 그는 실험에 사용된 개에게 먹이를 주기 전에 종을 쳐 주었는데, 이러한 실험을 반복적으로 계속하자 나중에는 먹이를 주지 않고 종소리만 들어도 개는 소화액을 분비하였다. 실험에 사용된 개는 종소리와 먹이 공급을 동일한 자극으로 받아들이게 됨으로써, 종소리라는 조건에 따라 먹이를 먹는 것을 연상하여 신체가 반사행동을 보인 것이다. 파블로프는 조건반사 연구를 통해서 1904년에 노벨 생리·의학상을 수상하는 영예를 안았다.

동물들은 다양한 경험을 바탕으로 이롭거나 바람직한 결과가 나오면 계속 반복행동을 보이지만 그렇지 못하면 그 행동을 하지 않는데 이를 시행착오(trial and error)라고 한다. 갓 태어난 새끼들은 주변의 환경에 강한 호기심을 보인다. 특히 먹이에 대해 강한 집착을 보여, 잘 알지도 못하면서 이것저것을 먹어 보는 행동을 많이 한다. 그런데 어떤 것은 먹었을 때 맛이 없거나 소화가 되지 않고 심지어는 고통을 느끼는 경우가 있다. 이러한 다양한 경험을 통해서 먹어도 되는 것과 먹지 말아야 할 것을 구분하게 되는데, 이것이 바로 시행착오를 통한 학습이다.

대학 신입생 시절, 재수를 하고 대학에 입학한 동기들이 하던 이야기가 있었다. "재수를 하지 않고서는 인생을 논하지 마라." 지금 생각하면 웃음이 나오는 이야기인데 그 당시 재수를 한 친구들은 자신들이 아주 심각하게 재수라고 하는 시행착오를 통해 인생의 쓴맛을 많이 본 사람인양 이야기하곤 했다. 이러한 시행착오를 통해 대학에 들어온 친구들이 재수를 하지 않고 대학에 들어온 친구들보다 더욱 열심히 공부하고 적극적으로 대학생활을 하는 경우를 많이 보았다. 이 시간에도 많은 사람들이 시행착오를 겪으면서 좌절과 반성을 하고 또 다른 준비와 도전을 하고 있을 것이다.

모방(imitation)은 다른 동물들을 흉내 내는 행동이다. 동물들이 새로운 기술이나 방법을 터득하는 행동은 기본적으로 다른 동물의 행동을 흉내 내는 것으로부터 시작된다. 먹이를 먹고 포식자로부터 도망을 가고 잠자리를 만드는 등의 행동은 어릴 적 어미의 행동을 보고 흉내 내는 것으로부터 발달하고 정교해지는 경우가 대부분이다. 다른 동물들의 행동을 모방하면서 자신에게 적합한 발전적인 형태의 행동으로 더욱 발전시키는 것이다.

또한 동물의 행동에는 비약적인 발전이 있을 수 있는데, 전에는 하지 않던 행동을 어느 순간 창의적으로 갑자기 하기 시작하는 경우가 있다. 이러한 행동을 혁신(innovation)이라고 한다. 혁신은 지금까지 경험해 보지 못했던 새로운 상황에서 모방이나 시행착오 없이 하는 창의적인 행동이다. 동물들이 전에는 사용하지 않던 도구(tool)를 사용하기 시작하는 것이 혁신의 대표적인 사례이다.

그러니까 내 말은 말이지……

의사전달을 위한 신호

동물들은 살아가면서 주변의 동료나 경쟁자들과 필요에 따라 자신의 의사를 표시해야 하는 경우가 발생한다. 즉, 다른 동물들과의 사회적인 관계가 필요한 것이다. 이때 자신의 의사를 효과적으로 전달하고 또한 상대방의 의도를 정확하게 파악해야 불필요한 물리적 충돌이나 무리 내 혼란, 시간과 에너지의 낭비 등을 최소화할 수 있다. 따라서 동물들 상호간에 효과적인 의사전달(communication)이 이루어져야 하고, 이를 위해 서로 이해할 수 있는 신호(signal)가 필요하다.

봄이 되어 많은 새들이 지저귀는 노랫소리, 개구리의 울음소리, 개가 오줌으로 자신의 세력권을 표시하는 행동, 반딧불이가 여름밤에 반짝거리며 빛을 내는 행동 등은 모두 의사 전달을 위한 다양한 신호의 형태이다.

그런데 의사전달을 위해서는 각각의 동물이 보내는 신호를 상대방이 이해할 수 있어야 한다. 즉, 신호를 보내는 쪽과 받는 쪽이 있어야 한다는 것이다. 동물들은 상대방이 보내는 신호를 정확하고 효율적으로 알아차리기 위해서 다양한 감각기관을 발달시켜 왔다. 또한 한 번에 한 가지 종류의 신호만을 사용하는 것이 아니라 두 가지 이상의 신호를 동시에 사용함으로써 좀 더 효과적인 의사전달을 할 수 있다.

동물들은 원활한 의사전달을 위해 시각적 표현, 소리, 신체접촉, 냄새, 화학물질 등 다양한 신호수단을 이용한다. 또한 상대방이 보내는 다양한 형태의 신호를 식별하기 위해서 시각, 청각, 촉각, 후각 등이 다양하게 발달해 있다. 그런데 신호 및 감각기관은 동물별로 자신의 서식 환경이나 생태에 따라 종별로 매우 다양한 형태를 보인다. 즉, 밤에 주로 활동하는 야행성 포유동물은 시각적인 신호를 통해서는 효과적인 의사전달이 어렵다. 그러나 냄새와 소리는 어두운 야간에도 매우 효과적이다. 그러므로 대부분의 포유류는 냄새나 소리를 통해서 신호를 보내 의사전달을 시도한다.

또한 조류 중에서 숲에서 살고 있는 새들은 성대가 아주 발달되어 아름다운 노래 소리를 내는 경우가 많은데, 이러한 새들을 가리켜 명금류(song birds)라고 한다. 이들이 살고 있는 숲은 나무와 나뭇잎으로 인해서 겨울을 제외하고는 새들에게 넓은 시야를 확보해주지 못한다. 그러므로 새들은 주변에 살고 있는 동료들과 소리를 통해서 효과적으로 의사소통을 한다. 이를 위해서 더 크게 멀리 전달될 수 있는 소리를 내다보니 자연스럽게 성대가 발달하게 되고 사람들이 듣기에 아름다운 노래 소리를 내는 것처럼 들리는 것이다. 특히 이러한 노래소리는 새들의 번식기인 봄에 가장 아름답고 빈번하게 들리는데, 이들은 이성을 부르거나 사랑을 호소하기 위한 목적으로 일 년 중 가장 빈번하게 소리를 낸다.

시각적 신호

동물들의 시각적 신호는 매우 다양한 형태로 나타난다. 곤충에서부터 침팬지 등의 영장류에 이르기까지 매우 다양한 종류의 동물들이 신호를 통해서 의사를 전달하고 있다.

곤충의 시각적 신호로 잘 알려져 있는 것이 꿀을 모으는 일벌의 춤이다. 일벌은 꿀과 꽃가루를 많이 딸 수 있는 꽃이 있는 지역을 발견하면 즉시 동료들에게 춤으로써 그 장소를 방향과 거리까지 상세하게 알려준다. 뿐만 아니라 일벌은 춤을 빠르거나 느리게 춤으로써 바람이 부는 방향이나 세기에 대한 정보도 전달한다. 이러한 춤 동작은 하나의 상징 언어라고 할 수 있는데 다양한 춤의 방법을 통해서 자신이 알고 있는 정보를 동료들에게 상세히 전달해 줄 수 있다.

다른 개체에게 위협적인 자세를 취하고 있는 들꿩

새들은 일반적으로 앞에서 언급한 바와 같이 소리를 통해서 의사전달을 하지만 때로는 어떤 동작을 취함으로써 자신의 의사를 표현하는 새도 있다. 피부의 근육을 늘려서 깃털을 부풀리거나, 깃털이 몸에 달라붙도록 해서 몸 전체의 부피가 달라져보이게 하기도 한다. 예를 들어 번식기의 수컷 공작은 자신의 꽁지깃을 부채처럼 활짝 폄으로써 자신의 유전적 형질이 우수하다는 것을 다른 암컷들에게 과시한다. 또한 들꿩은 다른 개체들과 세력권이나 이성을 사이에 두고 경쟁을 할 때 날개와 꼬리 깃털을 펴서 위협하는 자세를 취하기도 한다.

그러면 동물의 시력은 얼마나 될까. 하늘 높이 떠 있다가 급격히 낙하해서 먹잇감을 잡아채는 매 혹은 수리는 매우 발달된 시력을 가지고 있다. 수리나 매의 망막 중에서 가장 민감한 부분에는 150만 개 정도의 시세포가 분포하고 있다. 사람의 시세포가 20만 개 정도인 것을 고려한다면 이들은 사람보다 무려 7배 이상 높은 시력을 가지고 있는 것이다. 또한 야행성인 호랑이를 비롯한 많은 맹수류가 불빛이 없는 어두운 야간에도 사냥을 할 수 있는 것을 보면 이들 역시 시력이 매우 발달해 있음을 알 수 있다.

동물들은 신체의 일부를 움직여서 자신의 의사를 표시하기도 한다. 개의 경우 꼬리와 귀의 모양을 통해서 자신의 의사를 표시한다. 꼬리를 흔드는 것은 매우 흥분해 있거나 기쁘다는 감정을 나타내는 행동이다. 귀가 뒤로 누워 있고, 꼬리가 처져 있거나 다리 사이로 내리는 경우는 뭔가 두려움을 느끼고 있는 상태이고, 꼬리가 올라가 있거나 귀를 앞으로 쫑긋하게 세우고 있으면 매우 자신감을 가지고 있다는 증거이다.

침팬지와 같은 영장류에 속한 동물들 역시 시각적 표현을 통해서 의사전달을 하기도 한다. 침팬지는 사람과 비슷한 몇 가지 표현을 가지고 있다. 사람처럼 웃을 수 있으며 동료 간에 서로 껴안거나 악수를 하면서 인사를 하는 것 같은 동작을 하기도 한다. 이러한 행동을 통해서 그들은 자신의 감정 상태나 상대방에 대한 배려, 호감 등을 나타내는 것으로 추정된다.

사람 역시 매우 다양한 시각적 표현을 할 수 있다. 사람은 특히 신체 부위나 얼굴 근육을 움직여서 다양한 생각과 심리적 상태를 표현하는데, 이러한 신체 부위를 이용한 신호를 몸짓 언어(body language)라고 한다. 사람도 시각적 정보를 통해 주변 사람들과의 관계를 성립시키고 유지하는 등 광범위한 사회생활이 가능하다.

음향 신호

음향 신호는 소리를 내는 데 필수적인 발성기관과 진동에 매우 민감한 감각 수용기를 가지고 있는 동물이 동료들에게 들려주는 외침, 노래 또는 몸으로 내는 다양한 소리를 지칭한다. 동물이 발성기관을 통해 내는 소리는 성숙한 개체 간에 의사전달을 위해 내는 소리와 새끼와 어미 사이에 의사전달을 위해 내는 소리로 구분하기도 한다.

앞서 언급한 바와 같이 음향 신호는 새들의 사회적 의사전달을 가능하게 하는 중요한 수단이다. 새들은 성대를 이용한 울음소리(song 혹은 call)와 신체부위를 움직여 내는 소리 등을 적절하게 혼합하여 사용한다. 울음소리는 성대를 이용한 발성으로 여러 소절들이 모여 하나의 의미 있는 발성을 이룬다.

동물들은 많은 경우 울음소리를 통해서 의사전달을 하는 것으로 알려져 있다. 어미는 울음소리를 내어 새끼들과의 유대감을 형성하는데, 울음소리를 이용해서 상대방의 위치, 먹이 먹기, 위험에 대한 경고 등을 알려준다. 또한 무리를 지어 생활하는 새들은 울음소리로 같은 무리의 새들과 연락을 해서 서로 멀리 떨어지는 것을 방지하기도 한다. 어떤 새들은 울음소리를 통해서 경계 태세를 표시하기도 하며, 포식자가 나타나면 특유의 경계음을 내어 동료들에게 알리기도 한다.

새들의 울음소리는 일반적으로 아름답게 느껴지지만 듣기에 별로 예쁘지 않은 울음소리를 내는 새도 있다. 꿩의 "꿩, 꿩"하는 소리라든가 부엉이의 "부엉, 부엉" 두루미의 "뚜루, 뚜루"하는 소리가 이러한 예이다. 이러한 울음소리를 이용해서 새들은 자신의 세력권이나 배우자와의 관계 등을 알리고자 한다.

새들 가운데는 음향신호가 발성기관과 무관한 경우가 있다. 부리 혹은 날개, 꼬리로 소리를 내는 것이 그 예인데, 이 역시 동료들에게 자신의 의사를 전달할 수 있는 수단이 된다. 나무를 두들겨서 소리를 내는 딱따구리류의 드러밍(drumming)이나 들꿩의 날개짓 소리는 울음소리와 같은 역할을 하기도 한다.

새들의 울음소리와 관련해서 옛날 사람들은 그 소리에 느낌이나 감정을 이입해서 상상의 나래를 펴기도 하였다. 예를 들면 소쩍새 수컷은 초저녁부터 새벽까지 "솟쩍, 솟쩍" 혹은 "솟쩍다, 솟쩍다"하고 우는데, 이 소쩍새의 울음소리에 얽힌 전설이 있다. 아주 먼 옛날에 며느리를 아주 미워하던 시어머니가 며느리에게는 밥을 주지 않으려고 크기가 작은 솥으로 밥을 하게 하였다. 매 끼니때마다 밥을 지어도 양이 적어 밥을 먹지 못하게 된 며느리는 결국 굶어 죽었다. 불쌍한 며느리의 넋은 새가 되어 밤마다 시어머니를 원망하는 소리를 내었는데, 그 소리가 바로 '솥이 적다, 솥이 적다, 소쩍 소쩍'하고 울었다고 한다.

대부분의 포유류는 귀가 어디에 있는지 쉽게 알 수 있지만 조류의 귀는 어디에 있는지 쉽사리 찾기가 어렵다. 그 까닭은 포유류처럼 귀가 밖으로 튀어나와 있지 않기 때문이다. 그러나 새들도 머리 옆쪽의 눈 뒤에 귀가 있다. 다만 대부분의 새의 귀는 귓구멍을 보호하는 역할을 하는 귀깃이라는 깃털로 덮여 있어서 잘 보이지 않을 뿐이다. 새의 청력은 포유류에 비해서 들을 수 있는 범위가 좁은 것으로 알려져 있다. 새들이 민감하게 반응하는 소리의 범위는 종에 따라 큰 차이를 보인다. 또한 주파수의 차이를 인식하는 능력은 대체로 사람과 비슷하다는 연구결과들이 발표되고 있다.

포유류는 조류와 비교했을 때 매우 조용한 편이다. 야생에서 서식하고 있는 포유류는 일부 경우를 제외하고 목소리가 동료와의 의사소통에 그리 큰 역할을 하지 못한다. 사자는 같은 무리에 속하지 않은 낯선 사자가 나타났을 때 울부짖는 소리를 내는데 이는 자신의 존재를 표시하는 수단일 뿐이라고 알려져 있다. 즉, 사자의 포효는 단지 경쟁자가 가까이 있을 때 이를 참지 못해서 내는 소리에 불과하다는 것이다.

그러나 대부분의 포유류와는 달리 사람은 음향 신호를 통한 의사전달 방법이 매우 발달되어 있어, 다양한 음절과 단어, 문장의 사용을 통해서 자신의 의사를 완벽하게 표현하고 있다. 또한 민족 혹은 국가마다 사용하고 있는 언어가 다양하게 분화되어 있어 음향 신호의 종류가 매우 다양하다. 인간은 다른 동물들에 비해서 월등하게 많은 음향 신호를 사용하고 있는 셈이다.

냄새 신호

동물들의 의사전달에 있어서 중요한 역할을 하는 것이 바로 후각에 의한 냄새 신호이다. 어떤 학자들은 "사람에게 글이 있다면 동물에게는 후각이 있다"는 말로 냄새 신호의 중요성을 설명하기도 한다. 냄새 신호는 한번 신호를 보내고 나면 어느 정도의 기간 동안 발신자가 그 장소에 없어도 메시지를 전달할 수 있다. 즉, 냄새는 발신자가 그 장소를 떠난 뒤에도 짧게는 몇 분에서 길게는 며칠 동안 지속될 수 있는 특징을 가지고 있다.

그러므로 많은 동물들에 있어서 후각은 가장 중요한 감각기관이다. 개의 후각은 사람보다 100배 정도 뛰어난 것으로 알려져 있다. 근래에는 개의 뛰어난 후각이 마약이나 농산물, 폭발물 등을 탐지하는 데 이용되고 있다. 또한 암을 가지고 있는 환자에게서 나는 독특한 냄새를 감지하는 개를 활용하여 암환자를 식별하기도 한다.

대부분의 동물들은 냄새로 서로를 식별할 수 있으며, 다른 개체가 번식기에 도달했는지 등과 같은 생리적 상태를 파악한다. 또한 냄새를 통해서 자신의 세력권에 다른 개체가 침입했는지를 인지할 수 있다. 동물들은 소변, 대변, 타액, 피지선 분비물 등 냄새가 날 수 있는 물질들을 주변에 묻히고 다니는 행동을 하는데 이를 냄새 묻히기(scent marking)라고 한다. 주변에서 개나 고양이가 번식기에 여기저기에 오줌을 조금씩 누고 다니는 행동을 관찰할 수 있는데 이러한 행동이 바로 냄새 묻히기이다.

또한 동물은 분비물에 포함되어 있는 물질로 의사전달을 하는데, 다른 동물이 냄새를 맡았을 때 특유한 행동이나 생리적 변화를 유발하는 물질을 페로몬(pheromone)이라고 한다. 대부분의 포유류는 이성을 성적으로 유혹할 때 페로몬을 이용하는데, 개미들의 경우에는 먹이의 위치를 다른 개미들에게 알릴 때 페로몬을 몸 밖으로 배출하기도 한다. 동물들은 서로의 냄새를 통해 상대의 성숙 정도, 성별, 번식기에 도달했는지의 여부 등을 알 수 있다. 페로몬은 뇌의 후각 중추를 자극하기 때문에 그 효과가 신속하게 나타난다.

발굽을 가지고 있는 포유동물인 유제류에 속한 산양, 염소, 말, 소와 같은 동물들은 번식기에 도달하면 페로몬에 의해 특이한 행동을 보인다. 번식기에 페로몬이 포함되어 있는 암컷의 소변 냄새를 맡은 수컷이 머리를 하늘 방향으로 쭉 쳐들고 윗입술을 위로 말아서 걷어 올리는 것이 그 예이다. 이러한 행동을 플레멘 행동(flehmen behavior)이라고 한다. 수컷은 페로몬 농도에 따라 암컷의 발정상태를 파악할 수 있다.

다른 포유류와 달리 사람은 의사 전달을 위한 방법으로 언어와 문자를 고도로 발달시켜 왔다. 그 결과 후각이나 시각은 매우 제한적이고, 특히 냄새를 통해서 자신의 의사를 전달하는 경우는 거의 없다. 그러나 페로몬에 의해 영향을 받는 사례를 간혹 발견할 수 있다. 요즘에는 많이 없어졌으나 과거 유럽에는 기숙사에서 공동생활을 하는 기숙학교가 많이 있었다. 그중 여자 기숙학교의 경우 방학기간을 제외한 학기 중에는 대부분의 여학생들이 같은 건물에서 숙식을 하면서 생활하였다. 그런데 여자는 생리기간 동안 몸 밖으로 많은 분비물을 배출한다. 같은 기숙학교에서 많은 여학생들이 공동생활을 하면서 생리기간 동안 분비되는 물질들 속에 포함된 페로몬의 영향을 서로 받게 된다. 그 결과 일정 시간이 지나가면 대부분 여학생들의 생리주기가 비슷해지는 경향을 보인다. 이러한 현상을 통해 비록 현재에는 많이 퇴화되었지만 사람도 역시 과거에는 후각도 중요한 감각기관 중의 하나였다는 것을 추측할 수 있다.

혼자가 아닌 더불어 사는 사회

사회 행동이란

동물들이 다른 개체들과 일정한 상호관계를 형성하며 살아 갈 때 사회(society)라는 말을 사용한다. 사회는 무리 내에서 각 각의 개체가 하는 일이 명확하게 구분되어 분업화되어 있는 집단뿐만 아니라, 일시적으로 형성된 무리에 대해 사용하는 등 그 개념이 매우 광범위하게 사용되고 있다.

동물의 무리 형성이나 무리 및 개체의 분산 형태, 각 개체 의 무리 내 행동 및 역할 등에 따라 동물들의 사회구조(social structure)는 매우 다양하게 나타난다. 우리가 잘 알고 있는 대 표적인 사회성 곤충인 꿀벌의 사회구조는 전형적인 분업화,

협업화의 형태를 띠고 있다. 즉, 꿀벌 사회를 구성하고 있는 여왕벌, 수벌, 일벌 등은 무리 내에서 하는 일이 다르며, 신체의 크기와 형태 역시 명확하게 구분된다.

동물의 주요 사회 행동으로는 무리 형성, 개체 간 우위, 공간적 분포, 성 행동 등을 들 수 있다. 동물의 사회 행동과 사람의 사회 행동에는 매우 유사한 점이 많은 것을 발견할 수 있다. 사람들 역시 문명과 기술의 발달에 따라 구조가 더욱 세분화되고 고도로 정교해진 사회 구조 속에서 살고 있다. 사람들의 직업이 매우 다양해지고 또한 전문화되고 있는 것이 이를 반증한다. 또한 모든 사회 구조가 단계별로 분업화되어 있고 생산성을 극대화할 수 있는 방안을 끊임없이 모색하고 있다.

사람과 같이 영장류에 속해 있는 침팬지의 사회 행동은 여성 학자인 구달(Jane Goodall) 박사에 의해 우리에게 많이 소개되었다. 야생에서뿐 아니라 동물원에서 사육되고 있는 침팬지들 역시 무리 내에 서열이 존재하며 이들의 사회 구조는 사람의 사회 구조와 비슷하다는 것이 알려지고 있다.

네덜란드 부르거스 동물원의 야외 사육장에 살고 있는 침팬지들을 대상으로 한 연구는 매우 흥미롭다. 침팬지들은 경쟁상대를 견제하기 위해 평소에는 사이가 그다지 좋지 못하던 다른 침팬지와 동맹을 맺어 공동으로 대응하고, 견제 상대를 제거한 이후에는 동맹을 맺은 상대를 배신하여 또 다른 침팬지와 연합하는 등의 고도로 발달한 사회 행동을 보인다. 또한 그 와중에서도 자신이 지지하는 수컷의 움직임에 동조함으로

써 지지의사를 표현하는 모습이나, 리더의 교체에 따라 이리
저리 휩쓸려 다니는 암컷들의 모습들은 인간 세상의 정치 현
실을 그대로 옮겨놓은 듯하다. 오죽하면 연구내용을 정리해서
출판된 책이 미국 의회에서 선정한 필독도서 목록에 올라 있
겠는가. 어떤 미국 하원의원은 "이 책을 읽고 나면 펜타곤, 백
악관, 의회가 예전과는 달리 보인다"고 말했다. 이렇게 보면
동물과 사람의 사회 행동에는 참으로 유사한 점이 많이 있는
것 같다.

과거로부터 인간의 삶, 심리학, 인류학 등을 연구하는 학자
들은 직접적으로 사람을 대상으로 실험하는 것이 힘든 경우,
동물의 행동이나 사회에 관한 연구를 통해 사람의 행동을 파
악하고자 많은 노력을 기울여 왔다. 또한 현재 지구상 대부분
의 지역에서 사람들이 문명사회를 이루고 있으나 사람의 본질
적인 특성에 대한 연구를 위해 전 세계의 오지에서 아직도 원
시문명을 가지고 있는 소수민족을 대상으로 문화인류학 연구
가 수행되고 있다.

무리의 형성

동물이 혼자 살아가지 않고 2개체 이상이 모여 있는 상태를
무리라 한다. 자연다큐멘터리 프로그램에 자주 등장하는 아프
리카의 얼룩말이나 톰슨가젤과 같은 초식동물이 수백, 수천
마리씩 떼를 지어 생활하는 행동이 바로 무리의 형성이다. 우

리나라에서 월동하는 겨울철새 중에서는 서해안의 하천 및 호수 주변에서 볼 수 있는 가창오리가 대표적으로 무리를 형성하는 조류이다. 이들은 20만 개체에서 많게는 60~70만 개체가 무리를 이루어 한꺼번에 이동하고 먹이를 먹고 휴식을 취하기도 한다. 이들 가창오리의 군무(群舞)를 보기 위해 많은 사람들이 겨울마다 금강호와 천수만과 같은 서해안 지역을 찾고 있다. 또한 군산시나 서산시 같은 지방자치단체는 이들 겨울철새를 대상으로 철새페스티벌과 같은 지역 축제를 해마다 개최하고 있다.

무리 형성의 가장 간단한 형태는 부부가 쌍(pair)을 이루어 같이 생활하는 것이다. 그 밖에는 어미와 그 새끼들, 친족 또는 그 밖의 여러 개체들이 모여 큰 무리를 이루기도 한다. 심지어는 서로 다른 종들이 떼를 지어 무리를 형성하기도 한다. 박새, 쇠박새, 진박새, 곤줄박이, 오목눈이와 같은 새들은 가을과 겨울에 종의 구분 없이 무리를 이루어 생활을 한다. 이러한 새들의 무리를 혼성군(混成群)이라고 한다.

그러면 동물들이 무리를 형성하는 이유는 무엇일까? 그리고 어떤 동물들이 주로 무리를 형성할까? 의외로 이런 질문의 대답은 간단하고 이해 또한 쉽다. 많은 연구자들은 '다양한 이익을 얻을 수 있기 때문에 동물들이 무리를 형성한다'고 주장한다.

동물들은 무리를 형성함으로써 포식자의 공격을 빨리 알아차릴 수 있고 또한 이를 다른 개체들에게 손쉽고 신속하게 알릴 수 있는 등, 포식자로부터의 안전성을 확보할 수 있는 장점이 있다. 혼자 생활하는 것보다 무리를 형성하면 한 개체 한 개체가 포식자의 존재 혹은 공격에 대해 경계하는 데 사용하는 시간과 노력을 덜 수 있기 때문이다. 즉, 2개의 눈으로 포식자를 감시하는 것보다는 100개 혹은 200개의 눈이 포식자를 경계하는 것이 더욱 효과적이며 효율적이다. 그러므로 포식자로부터의 위험을 막기 위해 무리를 형성하는 것이 훨씬 이익이 되는 것이다.

뿐만 아니라 무리를 이루면 개개의 개체들이 포식자로부터 공격을 당할 확률 역시 감소한다. 즉, 단독으로 행동할 때 포식자를 만나면 공격당할 확률은 100%이지만 10개체가 무리를 지으면 각각의 개체가 공격받을 확률은 10%로 급격히 감소한다. 무리 자체가 포식자들에게는 부담 혹은 집중력의 저하를 가져와 더욱 안전하다.

또한 혼자 있을 때보다 여러 동료들과 같이 움직이면 먹이와 물도 보다 쉽게 발견할 수 있고, 번식기에는 같은 무리 내에서 이성을 쉽게 선택할 수 있기 때문에 안정적으로 짝짓기를 할 수 있다. 그 밖에도 다른 개체들과 필요한 정보를 쉽게 교환할 수 있다는 장점이 있다.

물론 혼자 단독으로 행동하는 것보다 큰 무리를 이루었을 때에는 포식자에게 더욱 쉽게 발견될 수 있다는 단점이 있다. 그러나 이는 무리를 이루었을 때 쉽게 포식자를 격퇴할 수 있는 이점으로 상쇄될 수 있다. 또한 먹이를 쉽게 발견할 수 있는 장점이 있는 반면, 무리의 크기가 과도하게 큰 경우에는 먹이에 대한 경쟁이 심해져서 무리 내에서 불협화음이 발생할 수도 있다. 그러나 무리를 이루었을 때의 단점보다는 장점이 더 많기 때문에 무리를 이루어 생활하는 것으로 생각된다.

동물들의 무리 생활은 그 형태와 무리를 이루는 시기에 있어 매우 다양하다. 예를 들어 우리나라를 포함해서 유럽과 아시아의 넓은 지역에 걸쳐 서식하는 조류인 들꿩은 번식기인 봄과 비번식기인 겨울에 매우 다른 사회 행동을 보인다. 즉, 번식기인 봄에는 세력권을 형성함으로써 다른 개체들과 배타적으로 매우 독립적인 생활을 하는 반면, 겨울이 되면 언제 그랬느냐는 듯이 많게는 20여 개체가 떼를 지어 무리 생활을 한다.

동물의 무리 형성과 사회적 구조는 종에 따라 매우 큰 차이를 보인다. 지구상에 존재하고 있는 고양이과(科)에 속한 동물 중에서 사자를 제외한 다른 동물들은 단독생활을 한다. 사자는 여러 마리의 암컷들과 새끼들로 이루어진 무리를 이루어 생활한다. 이들 사자 무리는 다른 무리들과 배타적으로 독립된 세력권을 형성하고 각각의 세력권 내에서 새끼들을 키우며 생활한다.

또한 암컷과 수컷의 극단적인 성비(sex ratio) 불균형을 보이는 무리의 예로 하렘(harem)을 들 수 있다. 바다표범이나 바다사자와 같은 종은 번식기가 되면 일부 섬으로 모여드는데, 수컷들은 피나는 싸움과 투쟁을 통해서 집단 내에서의 서열을 형성한다. 서열이 형성되면 높은 서열의 몇몇 수컷들이 대부분의 암컷들을 독차지한다. 이때 한 마리의 수컷과 여러 마리의 암컷으로 이루어진 무리를 하렘이라고 한다. 수컷은 처절한 투쟁을 통해 하렘을 형성하자마자 먹지도 않고 잠이나 휴식도 없이 밤낮으로 계속해서 암컷들과 짝짓기를 한다. 서열이 높은 일부 수컷만이 번식에 참여할 수 있기 때문에 이들은 암컷의 짧은 발정기 동안 빨리빨리 정자를 제공해야 하기 때문이다. 그런데 이와 같은 이들의 번식기 행동이 알려지면서 사람들은 바다표범이나 바다사자가 정력이 세다는 잘못된 생각을 갖게 되었다. 그 결과 현재까지 이들 동물에 대한 불법적이고 과도한 밀렵행위가 잔인하게 계속되고 있다. 동물의 행동에 대한 잘못된 인식이 많은 동물들을 지구상에서 멸종위기종(endangered species)으로 몰아가고 있는 것이다.

개체 간 순위

우리나라에 도래해서 월동하는 기러기들은 이동을 할 때 편대를 지어서 날아가는데, 이때 무리를 이끌며 선도적인 역할을 하는 개체가 있다. 무리에서 지도자의 역할을 하는 개체에 의해 무리 전체는 이동이나 휴식, 먹이 먹기 등에 큰 영향을 받는다.

무리 속의 개체들 사이에는 사회적 우위(dominance)가 존재

한다. 다시 말해서 개체들 사이에 순위 혹은 서열이 있다는 것이다. 개체 간 순위는 동물들 사이의 상하관계 혹은 복종관계에 그 기반을 두고 있다. 우두머리를 정점으로 해서 가장 낮은 갓 태어난 새끼에 이르기까지 일종의 순서가 존재한다. 이러한 개체 간 순위를 통해서 그 무리는 질서가 유지될 수 있다.

무리 내의 동물들은 사회적 순위를 통해서 개체 간에 발생할 수 있는 불필요한 경쟁이나 마찰을 줄일 수 있고, 생활하는 데 필요한 먹이, 공간, 물 등을 효과적으로 찾거나 확보할 수 있다. 또한 새끼들을 무리 속에서 안전하게 키울 수 있다는 이점이 있다. 즉, 외부로부터의 위험이 있을 때 무리의 지도자 혹은 상위의 힘센 개체들이 무리를 보호할 수 있는 사회 구조를 통해서 새끼들을 안전하게 키울 수 있다.

무리 내 동물들의 사회적 순위 유형

무리 내 동물들의 사회적 순위는 다양한 형태로 나타난다. 닭에서 쉽게 관찰되는 쪼는 순서(peck order)와 같이 상하의 우열이 명확하게 구분되는 일직선형이 있다. 특히 닭의 사회적 순위는 연속적인 것으로, 우위에 있는 닭이 하위의 닭을 일방적으로 공격한다. 뿐만 아니라 우두머리가 하나하나의 모든 개체들을 직접 명령하고 통제하는 독재형이 있다. 또한 개체들 사이에 우위의 관계가 서로 얽혀 있는 삼각형 혹은 다각형의 구조인 다각형형이 존재한다.

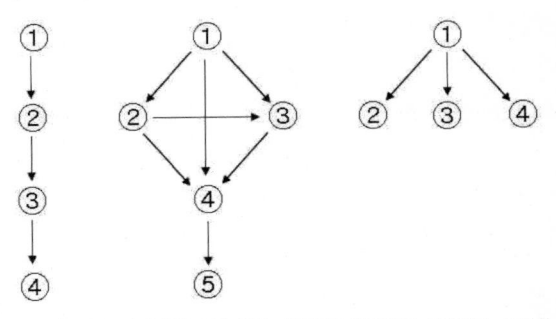

무리 내 동물들의 사회적 순위 유형. 좌로부터 일직선형, 다각형형, 독재형

무리 내에서 개체 간 순위에 영향을 주는 요인으로는 몸의 크기, 발톱이나 이빨 혹은 뿔과 같이 상대방을 공격할 수 있는 무기의 존재, 각 개체마다 다른 정도를 보이는 호전적이거나 방어적인 기질, 다른 개체들과의 연관정도에 따른 사회적 관계, 나이 등을 들 수 있다.

대부분의 동물에 있어서 몸의 크기는 순위를 결정하는 데 가장 기본적이고 커다란 요인으로 작용한다. 몸의 크기가 차이가 많이 나면 개체 간 서열은 특별한 싸움이나 충돌 없이 대부분 쉽게 결정된다. 침팬지와 오랑우탄의 무리를 보면 호전적인 개체가 신체적으로 동일한 조건을 가진 다른 온순한 개체보다 높은 사회적 순위를 가지는 경우가 발견된다. 또한 체격이 작거나 나이가 어려도 무리의 우두머리나 최상위급에 위치한 개체들과 친하거나 좋은 사회적 관계를 가지는 개체는 상대적으로 다른 개체들보다 무리 내 서열이 높은 경우도 있다.

공간적 분포

동물들의 사회 행동의 결과 서식지를 공간적으로 이용하는 형태가 다양하게 나타난다. 서식지 내에서 공간적인 분포 형태로 대표적인 것이 바로 세력권(territory)과 행동권(home range)이다.

세력권은 동물이 생활하는 데 필요한 공간을 다른 개체와 같이 공유하지 않고 자신만 독점적으로 사용하는 고유 영역을 말한다. 서식지를 다른 동물들과 같이 공유하지 않고 혼자만 독점적으로 사용하기 위해 자신의 세력권에 침입한 다른 동물들에게 경고, 위협, 물리적 압박을 가하는 등의 적대적 행동을 취한다.

세력권을 유지하기 위해서는 다른 개체들을 거부하고 세력권 내부를 지속적으로 순찰, 경계하는 데 많은 시간과 노력과 같은 비용(cost)이 발생한다. 그러나 많은 비용이 소요됨에도 불구하고 동물들이 세력권을 형성하는 이유는 비용보다 상대적으로 더 큰 이익(benefit)이 존재하기 때문이다. 즉, 자신의 세력권 내에서 안전하게 번식하거나 먹이, 물, 둥지, 잠자리와 같이 살아가는 데 필수적인 요소들을 안정적으로 확보할 수 있다. 이러한 비용과 이익의 관점에서 많은 동물들은 자신의 세력권을 형성하며 또한 시기적으로도 연중 내내 혹은 번식기에 세력권을 형성한다.

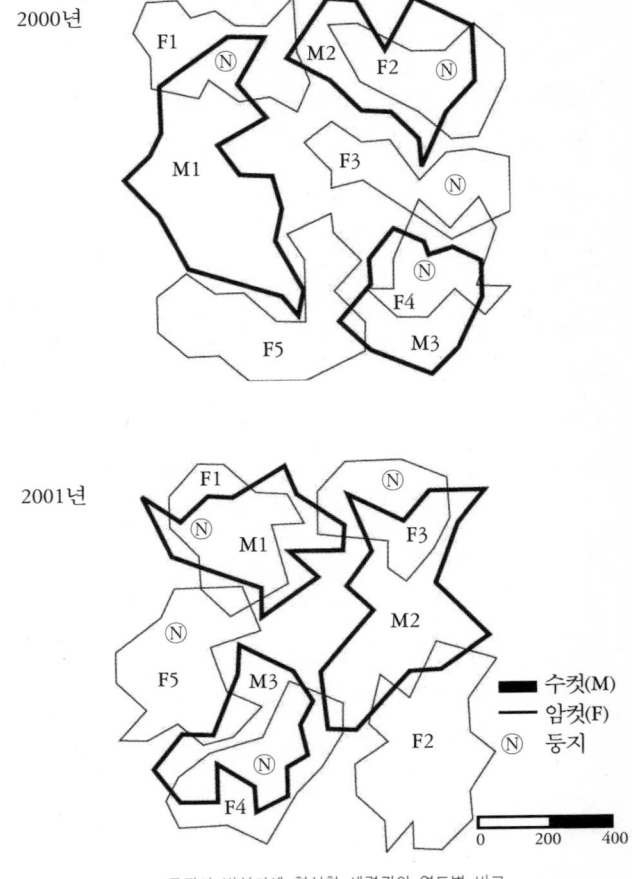

2000년

F1

M2 F2

M1

F3

F4
M3

F5

2001년

F1

M1

F3

M2

F5 M3

F2

F4

━━ 수컷(M)
── 암컷(F)
Ⓝ 둥지

0   200   400

들꿩이 번식기에 형성한 세력권의 연도별 비교

　　필자가 진행했던 들꿩의 세력권 행동에 관한 연구를 살펴
보면 재미있는 결과들을 볼 수 있다. 우리나라의 숲에서 살고

있는 들꿩은 번식기인 봄에 세력권을 형성하는데, 일반적으로 수컷의 세력권이 암컷의 세력권보다 크다. 또한 암컷의 세력권은 일부 개체들 사이에 약간의 겹치는 부분이 존재하지만, 수컷의 세력권은 절대로 중첩되는 부분이 없다. 이것은 암컷보다 수컷의 세력권 지키기 행동이 더욱 심하다는 증거이다. 또한 연도별로 각 개체별 세력권의 위치와 크기가 변화하였다. 즉, 젊었던 개체들이 완전히 성숙해서 무리 내에서 상위의 힘센 개체로 성장하고, 또한 힘센 개체였지만 그 다음해에는 더 젊고 힘센 개체들과의 경쟁에서 밀려 다른 곳으로 세력권을 옮겨야 하거나 심한 경우 번식에 실패하는 경우가 발견되기도 하였다.

들꿩은 우리나라에만 서식하는 것이 아니라 유럽과 아시아에 걸쳐서 매우 넓은 분포범위를 가지고 있다. 그런데 우리나라에서는 활엽수림과 침엽수림, 혼효림 등 다양한 유형의 숲에서 서식하고 있다. 그러나 북유럽에 서식하고 있는 들꿩은 침엽수림에서는 거의 서식하지 않는다. 또한 우리나라의 들꿩은 번식기인 봄에만 세력권을 형성하고 늦가을부터 겨울 사이에는 주로 무리를 이루어 생활한다. 그러나 북유럽의 들꿩은 봄뿐만 아니라 가을과 겨울에도 세력권을 형성하는 것으로 알려져 있다. 같은 종의 새이지만 살고 있는 지역의 환경 특성에 따라 다른 행동 및 생태적 특징에 차이를 보이는 것이다.

행동권은 먹이 먹는 장소, 잠자리를 포함해서 물 마시는 장소, 이동하는 데 필요한 이동로, 갑작스레 포식자로부터의 공격을 피할 수 있는 피난처, 월동을 위한 장소, 번식을 위한 장소, 새끼들을 키울 수 있는 장소 등 동물들이 생활하는 데 필요한 포괄적인 서식지역을 의미한다. 동물들은 이러한 행동권 내에서 다른 동물들과 만나기도 하고 이들과 협력, 경쟁하는 등 다양한 행동을 하기 때문에 어떤 동물의 행동권은 자연스럽게 다른 동물의 행동권과 중첩되기도 한다. 즉, 행동권의 일부 지역 혹은 장소는 다른 동물들과 공유한다. 행동권의 가장 큰 특징은 바로 다른 개체들과 함께 사용될 수 있다는 점이다. 그러므로 세력권과 행동권을 비교했을 때, 행동권이 세력권보다 그 크기에 있어서 훨씬 큰 경우가 대부분이다.

동물들이 시기적으로 공간적 분포를 달리하는 것으로 철새의 이동을 들 수 있다. 옛날부터 사람들은 봄이 되면 날아오는 제비나 가을이 되면 무리를 지어 오는 기러기, 오리, 두루미 등의 철새를 보고 상상의 나래를 폈다. 고대 유럽 사람들은 새들 중에서 겨울이 되면 다른 새로 변신하는 새가 있다고 믿었다. 예를 들면 뻐꾸기는 겨울이 되면 새매로 변신한다는 것이다. 여름에 많이 보이던 뻐꾸기가 겨울이 되면 자취를 감추는데, 뻐꾸기와 모양이 비슷한 겨울철새인 새매가 많이 보였기 때문에 이렇게 생각했던 모양이다.

우리의 조상들은 기러기는 가을에 북쪽 나라에서 날아온다고 했으며, 제비는 가을이 되면 따뜻한 남쪽인 강남으로 돌아간다고 생각하였다. 조상들은 이미 철새들의 번식지와 월동지에 대해 막연하게나마 알고 있었던 것 같다. 그러나 이제는 철새의 이동이 더 이상 신비로운 사실이 아니다. 시대가 흘러 과학기술이 발전함에 따라 많은 사람들이 지구 이곳저곳을 여행하면서 과거에는 몰랐던 여러 가지 사실들이 새롭게 발견되고 널리 알려지게 되었다.

동물들의 공간적 분포와 사람의 공간적 분포와는 공통점이 있을까? 물론 많은 측면에서 비슷한 점들을 발견할 수 있다. 대표적인 예가 모든 국가가 가지고 있는 국토와 그 국토의 경계인 국경선이다. 많은 나라들이 국토를 지키기 위해 많은 노력을 하고 있다. 국경 문제로 전 세계적으로 분쟁이나 전쟁이 발발하는 경우는 비일비재하다. 특히 일본이 독도를 일본 영토라고 우기는 망언이 나올 때마다 많은 국민들이 분통을 터뜨리며 분개한다. 사람이 살지 않는 쓸모없는 작은 섬이 아니라 우리의 국토, 대한민국의 주권이 미치는 가장 끝에 위치한 우리의 국토라는 의미에서 독도가 중요하다는 것은 대한민국 국민이면 누구나 알고 있는 사실이다.

근래 들어 많은 영화나 드라마의 주제로 등장하는 조폭의 세계에서도 각 조직마다의 영역은 매우 중요하게 다루어지고 있다. 신흥세력에 의해 기존의 조직이 무너지고 치열한 영역 쟁탈전이 폭력이 난무하는 가운데에서 일어난다. 어찌 보면 인간의 이러한 행동들은 동물의 세력권 방어 행동보다 더욱 처절한 것 같다. 그런데 이런 폭력에 대해 우리의 청소년들과 젊은이들이 열광하고 심지어 동경하는 모습을 보면 왠지 씁쓸해진다.

내 사랑을 받아주세요

구애와 과시

동물들은 자신의 유전자를 후대에 남기기 위해 많은 노력과 시간, 에너지를 기꺼이 사용한다. 그런데 자신의 유전자를 남기기 위해서는 혼자의 힘만으로 해결할 수 없는 문제가 있다. 그것은 바로 암컷의 난자(egg)와 수컷의 정자(sperm)가 만나서 수정이 되어야만, 즉 유성생식을 해야만 후손을 남길 수 있기 때문이다.

유성생식을 위해서 암컷과 수컷은 각각 어떤 배우자를 선택할 것인가 하는 문제에 직면하게 된다. 이때 유전적으로 우월하고 신체적으로 건강한 이성을 선택하는 것이 초미의 관심 사이다. 또한 자신이 유전적으로 매우 훌륭한 개체라는 것을 상대방에게 어떻게 알릴 것인가 역시 중요한 과제이다. 그러므로 자신의 유전자를 후대에 남기고 훌륭한 특성을 가진 이성을 선택하기 위해 동성의 개체들 사이에서는 필연적으로 경쟁이 발생한다.

이때 자신의 유전적 탁월성을 상대방 이성에게 알리고 자신을 배우자로서 선택해 줄 것을 호소하기 위한 동물들의 여러 가지 행동을 가리켜서 구애(求愛, courtship) 및 과시(誇示, display) 행동이라고 한다.

번식기가 되면 동물의 몸속에 있는 생식선(生殖腺)에서 각종 성 호르몬(hormone)이 혈액으로 분비된다. 그 결과 동물들은 점점 주변의 동료들과 싸움을 하는 횟수가 증가하기 시작하고, 동료나 무리로부터 멀어지면서 특정한 자기 세력권을 형성하기 시작한다. 또한 자신의 세력권을 침입하는 동성 개체들은 공격해서 쫓아내려 하지만 이성에게는 매우 호감을 표시하는 행동을 보인다. 암컷을 유혹하고 짝짓기를 자극하기 위해 수컷은 매혹적이고 화려한 빛깔의 깃털을 가지거나, 곡예비행이나 체조의 묘기를 보는 것과 같은 고난도의 기술을 선보인다. 또는 먹이를 먹거나 쉬지도 않아 거의 탈진이 될 지경에 이르기까지 노래를 부르거나 소리를 지르는 행동을 하기도 한다.

많은 조류와 포유류에서 암컷과 수컷의 외모가 전혀 다른 경우를 발견할 수 있는데 이를 자웅이형(雌雄異形)이라고 한다. 암컷과 수컷의 생김새가 다른 동물들은 암컷에 비해서 수컷이 더욱 화려하고 멋있는 외모를 가진 경우가 많다. 대표적으로 잘 알려져 있는 것이 바로 원앙과 꿩과 같은 새들이다. 대신 암컷들은 상대적으로 우중충한 보호색의 깃털을 가지고 있다. 암컷과 수컷의 외모가 너무나도 다르기 때문에 같은 종이라는 것이 도저히 믿어지지 않을 정도이다. 화려한 외모를 가진 수컷들은 번식기가 되면 암컷들에게 자신의 외모를 한껏 뽐내면서 훌륭한 유전자를 가지고 있다는 것을 나타내려고 많은 노력을 한다.

특히 공작이나 들꿩, 멧닭과 같은 새들은 꼬리깃을 이용해서 암컷들을 성적으로 유혹하는 행위를 하는 것으로 유명하다. 이들은 번식기가 되면 자신의 꼬리깃을 부채처럼 활짝 펴서 암컷들 앞에서 우쭐대는 행동을 보이는데, 이러한 행동을 부채꼬리 과시 행동(fan-tailed display)이라고 한다. 수컷 공작이 꼬리를 활짝 펴서 들어 올린 자세는 공작의 특징으로 잘 알려져 있는데 이 행동이 바로 암컷에 대해 사랑을 표현하는 과시 행동이다.

멧닭은 지금까지 한반도에서 북한의 북부지역에서만 서식하고 있는 것으로 알려져 있으나 최근 설악산에서 서식하는 것으로 확인된 새이다. 멧닭의 행동에 대해서는 북유럽을 중심으로 많은 연구가 이루어졌는데, 다른 새들과는 달리 매우 특이한 과시 행동을 보이는 것으로 알려져 있다. 즉, 레크(lek)라고 불리는 숲 속에서 나무가 없이 편평하게 노출된 매우 좁은 장소로 수컷들이 이른 새벽에 모여든다. 모여든 수컷은 보통 5~10개체 정도지만 50개체 이상이 모이는 경우도 있다. 수컷들은 레크 내에서 각자 자신의 위치를 차지한 후, 울음소리, 즉 사랑의 노래 소리 혹은 꼬리깃을 부채모양으로 활짝 편 자세로 암컷을 유혹하기 시작한다. 주변에서 수컷들의 이러한 행동을 구경하던 암컷들은 마음에 드는 수컷에게 다가가고, 서로 사랑을 받아들이면 이들은 곧 짝짓기를 한다. 많은 수컷들 중에서 자신의 배우자를 선택하는 것은 전적으로 암컷의 몫이다. 많은 수컷들 중에서 자신의 배우자를 선택하는 암컷의 결정은 바로 생존 경쟁에서 자신의 새끼들을 최대한 살아남게 하기 위한 노력인 것이다.

사람이 배우자를 얻는 과정 역시 동물의 구애 및 과시 행동과 비교했을 때 그리 다르지 않다. 선을 보기도 하고 단체 만남을 하는 등 사람 역시 자신의 이상형을 만나기 위해 많은 노력을 한다. 또한 학벌이나 경제적 능력, 가문, 키, 외모 등을 따지면서 더 좋은 상대를 고르려 한다. 이런 것들은 앞서 살펴본 것과 같이 동물들이 더 훌륭한 세력권 혹은 유전형질을 가진 이성을 선택하기 위한 노력과 별반 차이가 없다. 또한 관심 있는 이성에게 잘 보이고 싶은 사람들을 주변에서 보면 외모 혹은 옷차림에 많은 노력과 신경을 쓰는 경우가 많다. 이 역시 상대방에게 잘 보이기 위한 과시 행동이라고 할 수 있으려나? 허세가 되지 않았으면 하는 바람이다.

일부일처제

번식을 위해 상대방을 선택하는 결과 동물들은 나름대로의 결혼 체계(mating system)를 가지고 있다. 결혼 체계는 번식에 참여하는 암컷과 수컷의 개체수에 따라 단혼성(單婚性, monogamy) 혹은 복혼성(複婚性, polygamy)으로 구분하기도 한다. 단혼성은 암컷과 수컷 각각 1개체가 한 쌍을 이루어 번식하는 일부일처제를 말하고 복혼성은 2개체 이상의 이성과 동시에 부부관계를 맺는 것, 즉 일부다처제 및 일처다부제를 뜻한다.

암컷과 수컷 각각 1개체가 부부 관계를 형성해서 번식을 하는 경우를 일부일처제(一夫一妻制, monogamy)라고 한다. 대부분의 조류는 일부일처의 결혼체계를 가지는 것으로 알려져 있다. 또한 일부일처제로 번식하는 동물들은 암컷과 수컷의 생김새가 비슷한 경우가 많다.

일반적으로 원앙은 부부가 금슬 좋게 같이 잘 사는 새로 알려져 있다. 그래서 부부싸움을 하지 않고 사이가 좋은 부부를 원앙 같은 부부라고 불러왔다. 또한 원앙 부부 중 어느 한쪽이 죽거나 사람에게 잡히면 다른 한쪽은 짝을 너무도 그리워한 나머지 얼마 있지 않아 곧 죽어버린다고 믿어왔다. 그래서 옛날부터 우리 조상들은 원앙이 부부사이의 금슬을 좋게 한다고 해서 혼례를 치를 때 원앙 한 쌍을 선물하기도 하였다.

그러나 실제로 원앙의 생태를 살펴보면 사람들이 믿고 있는 것처럼 사이좋게 일생을 함께 해로하는 새가 아닌 것을 알수 있다. 원앙은 번식기인 봄이 아닌 겨울에 자신의 짝을 결정한다. 암컷 주변으로 많은 수컷들이 모여들어 화려한 깃털 특히 머리 위에 있는 관 모양의 장식깃인 관우를 펼쳐 열심히구애 행동을 한다. 여러 수컷 중에서 암컷은 자신이 마음에 드는 수컷을 선택해서 이듬해 봄에 번식을 한다. 그리고 다음 겨울이 되면 암컷은 주변에 몰려온 수컷들 중에서 또다시 마음에 드는 수컷을 고른다. 다시 말해 매년 번식기마다 같이 사는남편이 그때그때 다른 것이다. 결혼식에서 신랑과 신부에게주례 선생님이 "두 사람은 원앙처럼 금슬 좋게 잘 사시오"하며 주례사를 하는 경우를 볼 수 있는데, 이를 원앙의 생태에비추어보면 매년 결혼과 이혼을 반복하라는 뜻이 된다.

일부일처로 번식을 하는 대표적인 새가 두루미이다. 두루미는 보통 짝을 찾기 위한 구애 행동을 2~3월경에 하는데, 우리나라 철원 지역에서 월동하는 두루미들에게서 간혹 구애 행동을 관찰할 수 있다. 두루미는 부리를 하늘로 향하고 수컷과 암컷이 거듭하여 마주 울기를 통해 자신들의 부부애를 과시한다. 이러한 두루미의 행동을 흔히 '학춤'이라고 부른다. 그런데 이들 두루미 부부 사이에 훼방꾼이 나타나 방해를 하는 경우에는 큰 싸움이 일어나기도 한다.

우리나라와 중국에서는 옛날부터 두루미를 신선과 같은 새라고 생각했다. 거북, 사슴, 소나무, 태양, 구름, 산, 물, 돌, 불노초 등과 같이 십장생(十長生)의 하나로 믿어져 온 두루미는

두루미의 싸움

천 년을 산다고 했고, 또한 성품이 고고한 선비에 비교되는 등 우리 조상들이 어지간히 좋아하던 새이다. 그런데 그 개체수와 월동지가 급격하게 줄어들어 매년 겨울 철원과 한강 하구를 비롯한 일부 비무장지대 및 주변 지역에서만 두루미를 볼 수 있을 정도로 희귀해졌다. 우리 조상들께서 아시면 매우 안타까워하실 일이다.

일부다처제

한 마리의 수컷이 동시에 여러 암컷과 부부관계를 맺는 것을 일부다처제(一夫多妻制, polygamy)라고 한다. 이는 암컷이 새끼를 돌보거나 키우고 수컷들은 새끼의 양육에 관여하지 않는다는 것을 의미하기도 한다. 일부다처제는 많은 종의 포유류에서 발견할 수 있는데 대부분의 초식성 포유류가 일부다처의 결혼 체계로 번식한다.

　매우 극단적인 형태의 일부다처로 번식하는 동물로는 바다사자, 바다표범 등이 있다. 이들 종은 몇몇 개체의 수컷이 독점적으로 대부분의 암컷을 한꺼번에 거느린다. 앞서 말했듯 이들 암컷들, 즉 부인들의 무리를 하렘이라고 하는데, 하렘을 형성한 수컷들은 다른 수컷들이 자신의 하렘에 속한 암컷들을 넘보지 못하게 하렘을 방어하는 행동을 할 것이라는 것은 쉽게 예측이 가능하다.

　암컷들이 하렘에 속해서 새끼를 낳으려는 이유는 매우 현실적이다. 수컷들은 하렘을 형성하기 전에 우선 여러 수컷들끼리 물리적인 충돌과 싸움을 통해서 수컷들 간의 순위가 형성된다. 순위가 높은 일부 수컷들만이 하렘을 형성할 수 있기 때문에 암컷들 입장에서 하렘을 형성한 수컷은 순위가 낮은 수컷들에 비해서 건강하고 힘세며 유전적으로 매우 좋은 형질을 가지고 있다는 증거이다. 그러므로 훌륭한 형질을 가진 수컷으로부터 유전자를 공급받을 수 있다. 또한 하렘을 형성한 수컷은 자신의 유전자를 가지고 태어난 새끼들을 안전하게 잘 보살펴줌으로써 자신의 유전자를 가진 후대를 가능한 한 많이 남길 수 있다는 이점이 있다.

　사람도 포유류에 속한다. 그러면 사람의 결혼 체계는 어떤 형태일까? 우리나라는 법적으로 일부일처를 규정하고 있다. 다른 이성과 결혼 생활을 하기 위해서는 현재 함께 살고 있는 남편 혹은 아내와 법적으로 이혼을 하고 다시 결혼을 해야 한다. 결혼한 상태에서 다른 이성과 결혼 생활을 하면 법적으로 처벌을 받는다.

그런데 인류의 역사를 보면 일부다처의 결혼 체계를 가진 경우를 쉽게 발견할 수 있다. 이란, 이라크, 사우디아라비아 등 서남아시아 지역의 사막지역에 살고 있는 유목민들은 일부다처를 허용했다. 이들 사막지역은 사람이 살기에 매우 힘든 지역이다. 그러므로 여자들은 열악한 환경 속에서 자신과 자식들을 가능한 한 안전하게 보호해 줄 수 있는 남편을 선택하려고 노력한다. 그런데 처자식을 부양할 수 있는 남자들은 많은 낙타와 양떼를 소유하고 있는 일부 계층에 불과하다. 그런 이유로 이들 지역에서는 일부다처제의 결혼이 가능했던 것이다. 많은 재력을 가지고 있는 일부 남자들을 동물의 세계에서는 서식하기 좋은 지역에 세력권을 형성한 수컷들이라 할 수 있을까?

일처다부제

일처다부제(一妻多夫制, polyandry)는 암컷 하나가 동시에 여러 개체의 수컷과 부부관계를 맺는 것을 의미한다. 이는 지구상에 서식하고 있는 동물들에게서 그리 흔하지 않은 결혼 체계로서 일부 조류에서 발견되고 있다. 호사도요류(painted snipe), 물꿩류(jacana), 뜸부기류(rail)에 속하는 일부 조류가 일처다부제로 번식하는 것으로 알려져 있다.

이들 조류는 대부분 수컷에 비해서 암컷의 몸집이 훨씬 큰 것이 특징이다. 즉, 건강하고 힘센 암컷들이 먹이가 풍부하고 둥지 틀기가 좋은 지역에 자신의 세력권을 형성한다. 그러면 수컷들이 암컷의 세력권 내에 들어가서 암컷과 짝짓기를 한다. 얼마 후 암컷이 알을 낳으면 수컷이 알을 부화시키고 새끼들을 돌본다. 암컷은 알을 낳은 후 수컷을 떠나 또 다른 수컷을 자신의 세력권으로 불러들여 또 다시 짝짓기를 하고 알을 낳는다. 이렇게 암컷은 자신의 세력권으로 수컷들을 불러 알을 낳아주고 자신은 수컷들과 알 그리고 새끼들이 안전하게 지낼 수 있도록 세력권을 유지하고 방어한다. 일처다부제로 번식하는 암컷들은 원더우먼(wonder women)인 것이다.

난혼

난혼(亂婚, promiscuity)은 특별한 부부 관계가 형성되지 않고 암컷과 수컷이 임의의 확률로 만나서 짝짓기를 하는 형태이다. 많은 학자들이 난혼이야말로 확률적 혹은 유전학적으로 보았을 때 가장 이상적인 결혼 체계라고 말한다. 유전적 다양성이 최대한 보장될 수 있기 때문이다. 그러나 실제로 난혼을 통해서 번식을 하는 동물은 아직까지 지구상에서 발견되지 않고 있다.

그런데 암컷과 수컷 사이의 번식 효율의 불균형, 즉 난자와 정자의 생산성의 차이가 크면, 암컷과 수컷은 서로 이성을 대하는 태도가 다를 수 있다. 오랜 기간에 걸쳐 적은 수의 난자를 생산하는 암컷은 수컷을 선택하는 데 매우 신중하고 조심스러운 태도를 보인다. 반대로 짧은 시간에 정자를 많이 만들 수 있는 수컷은 쉽게 짝짓기를 하려는 경향이 있고, 그 상대를 선택하는 데 있어서도 매우 개방적이고 적극적이다. 그러므로 수컷은 암컷보다 난혼의 경향이 더욱 크다고 할 수 있다. 이러한 경향은 많은 동물들에게서 관찰된다. 동물들도 바람을 피우는 경우가 있는데 이때 수컷의 비율이 암컷에 비해 높게 나타난다.

눈에 넣어도 안 아픈 내 새끼

둥지

동물들은 살아가는 데 필수적인 여러 공간적 장소가 필요하다. 그중에서 잠을 자기 위한 잠자리, 알을 낳거나 새끼를 낳기 위한 둥지, 포식자나 위험으로부터 피하기 위한 피난처 등의 커버(cover)가 필요하다. 특히 번식기가 다가오면 동물들은 알이나 새끼를 낳아 안전하게 키울 수 있는 둥지를 확보하기 위해 많은 노력을 한다.

둥지를 만드는 조류 중에서 어떤 종은 매우 간단하게 둥지를 만들기도 하지만, 어떤 새들은 내부를 매우 정교하고 복잡하게 만들기도 한다. 둥지의 위치나 둥지를 만드는 데 쓰이는 재료도 매우 다양하고 형태 역시 천차만별이다. 둥지를 작은 술잔 모양으로 만들기도 하며, 접시, 밥그릇, 나팔꽃, 터널 모양 등 다양한 모양의 둥지를 발견할 수 있다.

노랑때까치나 멧새 등은 잎이 무성한 나뭇가지에 둥지를 만든다. 또한 매나 까마귀와 같이 몸집이 큰 새들은 높은 나무의 굵은 가지와 나무줄기 사이에 둥지를 만든다. 높은 미루나무 혹은 전신주의 꼭대기에 둥그렇게 타원형의 둥지를 만드는 까치의 둥지는 우리에게 잘 알려져 있다. 동고비는 딱따구리가 쓰다가 버린 나무구멍을 재활용해서 둥지로 사용하기도 한다. 해안가나 섬에서 살고 있는 바다직박구리는 암초의 틈, 암벽의 갈라진 곳, 벼랑에 난 작은 구멍에 식물의 가는 뿌리나 마른 풀을 써서 밥그릇 모양의 둥지를 만든다.

박새는 나무의 구멍에 보통 둥지를 만드는데, 수컷이 둥지를 만들기 위한 예비 장소를 물색해서 암컷에게 보여주면, 암컷은 가장 마음에 드는 장소를 선택해서 둥지를 만든다. 때때로 사람이 설치해준 인공새집에서 번식을 하기도 한다. 암컷은 이끼나 동물의 털, 나뭇잎 등을 물어 와 바닥에 쌓아서 충격 흡수와 보온력이 좋은 둥지를 만들어 알을 낳는다.

오색딱따구리나 까막딱따구리는 수컷이 몇 개의 나무에 구멍을 조금 내어 둥지를 만들 후보지를 몇 개 준비한 후 암컷을 유혹한다. 결혼할 암컷이 결정되면 암컷과 같이 둥지를 만들 나무를 결정한 후 부부가 함께 번식하기에 적합하도록 둥지를 만든다. 이렇게 만들어진 둥지는 천적에게 쉽게 발견되

인공새집 내부에 이끼, 동물의 털 등을 물어 높이 쌓아 만든 박새의 둥지

지 않으며, 비와 눈 그리고 직사광선을 피하기에 알맞은 곳이 대부분이다. 알을 낳은 후 암컷과 수컷이 공동으로 알을 품고 부화 후에도 역시 공동으로 새끼를 돌본다.

포유류 역시 다양한 둥지 형태를 보인다. 소형포유류인 등 줄쥐, 대륙밭쥐, 흰넓적다리붉은쥐, 다람쥐 등은 모두 땅 속에 굴을 파고 생활하는 종들이다. 특히 다람쥐는 지면으로부터 약 50cm 정도 아래에 길이 1~2m 정도의 굴을 만든다. 그런 데 굴 내부에는 각기 용도가 다른 방들이 여러 개 있다. 가장 끝부분에는 월동을 위한 먹이 창고와 침실이 있고 굴의 출입 구 부근에는 화장실을 만들어 놓는다. 또한 초원이나 갈대밭 과 같은 지역에 살고 있는 멧밭쥐는 식물의 잎을 엮어서 공처 럼 둥그렇게 생긴 둥지를 만든다.

오소리 역시 굴을 파고 10마리 정도가 무리를 이루어 생활하는 습성을 가지고 있다. 굴 내부의 잠자리에는 마른풀, 이끼, 나뭇잎 등을 깔아 놓으며, 굴 주변에 일정한 곳을 정해서 그곳에 주로 배설을 한다.

힘이 약하고 뿔이 작아서 다른 동물들로부터 공격을 당했을 때 적극적인 대응이나 방어를 할 수 없는 산양은 서식지에 대한 선택의 폭이 좁다. 이들은 주로 산악지역의 바위나 절벽에서 서식한다. 산양은 바위틈이나 동굴에 둥지를 틀고 새끼를 낳아 키운다.

유럽이나 북미 대륙의 하천에 살고 있는 비버(beaver)의 둥지는 매우 유명하다. 계속해서 자라나는 이빨을 이용해서 포플러나 오리나무 등을 잘라 수상으로 운반해서 이른바 댐(dam)을 만든다. 자연에서 나는 나무 등걸 따위를 기본재료로 해서 아주 견고하고 안정된 토목공사를 하는 것으로 알려져 있는 비버는 댐을 만들어 물을 가두어 놓은 호수를 만든 후, 주변의 둔덕 속이나 호수 한가운데 별장처럼 둥지를 만든다. 그런데 이 둥지의 출입구는 물 속에 감추어져 있다. 이를 위해서는 언제나 일정한 높이의 수위가 유지되어야 하는데 바로 댐이 수위를 조절하는 역할을 하는 것이다.

전 세계의 여러 지역에 퍼져 살고 있는 사람들 역시 다양한 재료와 형태의 집을 짓고 살고 있다. 대리석으로 지은 수백 년 된 화려한 건물에서부터 보기에도 위태위태해 보이는 동남아시아의 수상가옥이나 심지어 얼음으로 만든 집인 이글루(igloo)에 이르기까지 천차만별이다. 모두 살고 있는 환경에 적합한 재료와 구조의 주택에서 생활한다. 동물들 역시 서식하고 있는 지역의 기후와 환경에 따라 고도로 적응된 형태의 둥지를 만들어 살고 있다. 우리의 조상들은 집을 짓는 재료로 나무와 흙을 사용해 왔다. 사계절의 변화가 뚜렷한 우리나라의 기후에 가장 적합하도록 재료와 구조, 형태를 과학적으로 발전시켜 온 것이다. 그러나 요즘에는 전국 어디를 가나 아파트의 숲이다. 우리가 언제부터 하늘에 붕 떠서 살아왔는지 모르겠다. 아파트가 과연 사람의 행동과 생태에 적합한 안식처가 될 수 있을지 모르겠다.

새끼 키우기

어미와 갓 태어난 새끼 사이에는 중요한 상호 관계가 성립된다. 갓 태어난 새끼는 어미에게 끊임없이 요구하고 졸라대는 행동을 하고 어미는 이러한 새끼의 요구를 수용함으로써 이 관계는 시작된다.

대부분의 포유류 어미들은 갓 태어난 새끼들을 핥는 행동을 한다. 어미는 새끼를 핥음으로써 새끼의 몸에 묻어 있는 양수를 제거하고 건조시켜 새끼의 체온을 유지시킨다. 이때 자연스럽게 많은 양의 침이 새끼의 몸 전체에 묻는다. 침의 수분은 곧 증발되어 없어지지만 침 속의 냄새나 기타 물질은 그대로 남아 페로몬(pheromone)으로 작용한다. 근래 들어 많은 연구에 의해 어미의 침을 매개로 한 페로몬은 사회적 의사전달

의 수단으로 알려지고 있다. 즉, 어미가 자신의 새끼를 구분할
수 있도록 도움을 준다는 것이다.

멧돼지 새끼들 역시 태어날 때 몸에 털을 가지고 태어나지
만 체온 조절 기능이 아직 불완전하기 때문에 어미에게 붙어
서 체온을 유지한다. 새끼들은 태어난 다음날부터 어미를 따
라 다니기 시작하는데, 이때 꿀꿀거리는 소리를 내어 서로의
위치를 파악하고 연락을 취한다. 어미는 위험을 느끼면 짧막
한 소리를 지르고 새끼들은 그 소리를 듣고 주변의 덤불 속이
나 둥지 속으로 재빠르게 숨는다. 어미는 냄새를 통해서 자신
의 새끼들을 구분하며 다른 어미의 새끼들이 접근해 오면 냄
새를 맡고 물거나 공격하는 행동을 보인다.

새들도 앞서 언급한 바와 같이 갓 태어난 새끼와 어미 사이
에는 각인에 의해 모자관계가 성립된다. 또한 어미가 새끼를
키우는 과정에서 더욱 많은 접촉과 만남을 통해서 더욱 끈끈
한 모자관계로 발전된다.

포유류의 어미는 새끼에게 젖을 먹여 키우는 특성 때문에
그 명칭이 붙여졌다. 새끼를 낳은 암컷이 처음 젖을 분비하기
시작하는 것을 젖 내림(milk letdown)이라고 한다. 이는 유두
끝에 분포하는 신경에 대한 자극이 유방 내 압력을 상승시킴
으로써 일어난다. 젖 내림에는 새끼에 의한 직접적인 유두의
자극 이외에 냄새, 소리 또는 시각적 자극 등이 영향을 주는
것으로 알려져 있다.

조류는 알에서 부화한 새끼들에게 젖 대신 벌레나 그 밖의

인공새집에서 부화한 박새의 새끼들과 아직 부화하지 않은 알들

먹이를 물어다 준다. 대부분의 새들은 주로 벌레를 잡아다 먹임으로써 새끼들은 빠르게 성장한다. 그런데 비둘기는 포유류의 젖과 화학적인 성분이 비슷한 밀크(milk)를 생산한다는 점에서 다른 조류와 차이를 보인다. 비둘기는 자신의 모이주머니에서 나오는 분비물인 피존 밀크(pigeon milk)를 먹인다. 암컷과 수컷 모두 알을 품어 부화시킬 때까지 발달된 모이주머니에서 분비되는 피존 밀크는 새끼를 돌보는 기간에만 만들어진다. 피존 밀크를 통해 새끼 비둘기는 영양과 에너지를 효과적으로 공급받아 다른 종의 새들보다 초기 성장이 매우 빠르다.

또한 근래에 들어 플라밍고(flamingo)와 같은 홍학류도 밀크를 만들어서 새끼를 키우는 것으로 보고되고 있다. 플라밍고의 밀크 생산은 이들의 서식환경과 밀접한 연관이 있는 것으로 생각된다. 플라밍고는 구부러진 부리로 물을 빨아들여 게와 같은 작은 갑각류나 식물성 플랑크톤을 걸러내어 먹는다. 먹이의 크기가 매우 작기 때문에 어미가 갓 태어난 새끼에게 먹이를 잡아주는 것은 거의 불가능하다. 또한 먹이를 먹는 곳과 새끼를 키우는 둥지는 대부분 멀리 떨어져 있기 때문에 먹이를 직접 잡아주기도 어렵다. 그러므로 플라밍고는 새끼에게 먹이를 공급하기 위한 다른 방법을 찾아야만 했다. 그래서 현재와 같이 밀크를 만들어 새끼에게 공급하는 방식으로 새끼키우는 행동을 발달시켰다. 이는 자신의 주어진 서식 환경에 고도로 적응한 결과이다.

옛날 할머니들은 손자 혹은 손녀가 젖을 떼고 밥을 먹기 시작할 무렵이면 밥을 자신의 입 속에 넣어 씹은 후 아기들에게 먹이곤 했다. 요즘 젊은 엄마들은 충치균을 아기들에게 옮기거나 위생상 좋지 못하다고 기겁을 할 것이다. 그렇지만 옛날 할머니들은 흔히들 이렇게 밥을 먹였다. 할머니는 먼저 음식을 씹어서 물리적으로 그 크기를 작게 만들고, 할머니 침 속의 소화액과 음식이 섞여 아기가 소화하기 쉬운 상태로 아기에게 먹일 수 있다. 그래서 아직 소화력이 좋지 못한 아기가 쉽게 음식을 소화할 수 있도록 도움을 줄 수 있다.

우리 조상들은 까마귀가 효도를 하는 새로 알았다. 반포지효(反哺之孝)라는 사자성어는 까마귀의 행동에서 비롯되었다. 반포지효는 까마귀의 새끼가 다 자란 뒤에 어미를 공양한다는 뜻으로, 까마귀와 같이 보잘 것 없는 새도 부모에 대해 효도를 하는데 하물며 사람은 더욱 부모에게 효도해야 한다는 것을 강조하는 의미가 담겨져 있다.

그런데 까마귀의 생태를 살펴보면 새끼가 어미에게 효도를 하는 것은 발견할 수 없다. 수컷과 암컷이 새끼에게 먹이를 공급해서 새끼가 성장하는데, 모두 성장해서 둥지를 떠날 무렵 어떤 새끼들은 몸집이 부모보다 더 크게 성장하기도 한다. 그래서 사람들은 몸집이 작은 부모가 몸집이 큰 새끼에게 먹이를 주는 것을 보고 새끼가 어미에게 효도를 하고 있다고 잘못 오해를 해서 우리 조상들은 까마귀가 효도하는 새라고 생각했던 것 같다.

이러한 동물의 행동 및 생태에 대한 우리 조상들의 오해는 여러 곳에서 발견될 수 있다. 대표적인 것이 조선시대 선비들이 좋아하던 그림 중의 하나인 송학도(松鶴圖)이다. 이 그림은 푸른 소나무 위에 고고한 두루미(학)가 앉아 있는 모습으로 고고함과 절개의 상징인 소나무와 두루미를 닮고자 하는 우리 선비들의 생각이 그 안에 깃들어 있다. 그런데 실제 생태계에서 두루미는 소나무를 비롯한 나무 위에 앉거나 둥지를 만들지 않는다. 두루미는 습지나 논, 초원 등에서 서식을 하지 나무 위에 내려앉지 않는다. 나무 위에 앉거나 둥지를 트는 새는 백로나 황새와 같은 종들이다. 소나무 위에 앉아 있는 백로나 황새를 두루미로 착각했거나 임의로 좋은 의미를 가지고 있는 소나무와 두루미를 하나의 화폭에 같이 그린 것으로 생각된다.

우리가 잘 알고 있는 여름철새인 꾀꼬리는 성장한 새끼가 어미를 도와 동생들을 볼보는 행동을 하기도 한다. 즉, 작년에 태어난 새끼가 어미를 도와 올해 태어난 어린 동생들에게 먹이를 물어다 주는 등 어미와 함께 힘을 합쳐 새끼를 돌보는 행동을 하는 것이 최근에 밝혀졌다. 이 경우 지난해에 태어나 동생을 돌보는 개체들을 도우미(헬퍼, helper)라고 한다. 꾀꼬리의 둥지 근처에 침입자가 출현하면 경계음을 내면서 침입자를 격퇴하기 위한 행동을 시작하는데 이때 가장 공격적인 행동을 하는 개체가 바로 이 도우미들인 것으로 알려져 있다. 생후 1년인 시기에는 아직 성적으로 미성숙했기 때문에 번식을 할 수 있는 신체 상태가 아니며 또한 새끼를 키우는 기술이 매우 미숙하다. 그러므로 부모를 도우면서 번식에 필요한 기술이나 방법을 습득하는 일종의 수습기간을 거치는 것이다. 1년에 걸친 수습기간을 지나 그 다음해인 생후 2년이 되면 독립적으로 번식과 새끼를 돌볼 수 있는 능력과 경험을 갖게 된다.

외부로부터 위협을 느끼거나 교란을 받으면 어떤 동물들은 자신의 새끼들을 다른 안전한 장소로 옮긴다. 사자나 치타와 같은 맹수들 역시 다른 수컷들이 위협을 하거나 서식지에 화재가 발생하면 새끼들을 입으로 물어서 안전한 장소로 이동시킨다. 멧도요와 같은 새는 새끼들을 발과 발 사이 혹은 발과 날개 사이에 끼우고 날아서 안전한 곳으로 대피시킨다.

새끼들에 대한 어미들의 치다꺼리는 새끼의 생존에 절대적으로 중요하다. 어미는 새끼에게 먹을 것을 주고 보호해 주며 따뜻하게 돌봐주는 존재이다. 새끼들은 위험에 처하거나 겁에 질리면 바로 어미에게 달려간다. 많은 동물들의 생태를 관찰하면 어미의 중요성 및 어미와 새끼 사이의 유대 관계를 쉽게 발견할 수 있다.

그러나 모든 동물의 어미가 새끼들을 잘 돌보는 것은 아니다. 일부 종에 있어서는 어미가 자신의 새끼들을 살해하는 경우를 관찰할 수 있다. 우리나라에서 번식을 하는 여름철새인 후투티의 경우, 부화된 새끼들 가운데 발육이 늦고 건강하지 못한 새끼를 어미가 부리로 찍어서 죽이기도 한다. 허약한 새끼는 그만큼 다른 형제들에 비해 좋은 형질을 가지고 있지 못하다는 증거이다. 그러므로 새끼들에게 공급할 수 있는 먹이의 양이 한정되어 있는 상황에서 어미는 형질이 좋지 못한 새끼를 스스로 제거함으로써 다른 새끼들의 생존율을 극대화시키고, 나아가 어미의 유전자를 후대에 남길 수 있는 확률을 증가시키는 것이다. 또한 호랑이를 비롯한 몇몇 맹수류 중에서 어미가 병약하거나 성장이 늦은 새끼들은 돌보지 않고 힘세고 건강한 새끼들만을 돌보는 경우가 있다.

문명 앞에는 숲이 있고 문명 뒤에는 사막이 남는다

위기의 야생동물

인류의 문명이 시작된 이후 지구상의 자연 환경은 많은 변화가 일어났다. 특히 정착생활 및 농경생활을 시작하면서부터 사람들은 생태계를 수없이 파괴시켜왔다. 과거로부터 현재까지 산림의 벌채, 가옥의 건축, 성벽 및 건물의 건축, 도로 및 수로의 건설이 계속되어 오고 있으며 산업혁명 이후에는 더욱 그 정도가 집약적으로 대규모화되고 있는 실정이다.

프랑스의 작가 샤토브리앙(F. Chateaubriand)은 "문명 앞에는 숲이 있고 문명 뒤에는 사막이 남는다"(Forest to precede civilization, desert to follow)라는 말을 남겼다. 인류의 문명은 숲에서 시작되었다고 할 수 있다. 메소포타미아 문명이 발생한 유프

라테스, 티그리스강 유역이 그러하고 나일 문명이나 인더스 문명, 황하 문명 역시 숲을 모태로 하여 번창할 수 있었다. 숲은 이들 초기 문명에서 늘어난 인구를 부양할 수 있는 중요한 자원의 원천이었다. 그러나 숲을 바탕으로 일어난 이들 초기 문명 발상지의 대부분에서 오늘날 우리가 발견할 수 있는 것은 사막뿐이다.

뿐만 아니라 중앙아메리카의 열대림에서 시작된 마야 문명에서도 사원과 도시의 건설을 위해, 그리고 늘어난 주민들을 부양하기 위해 숲을 파괴시키고 경작지를 확대하였다. 파괴된 숲은 토양 유실을 초래하게 되었고, 산림으로부터 유실된 토양은 관개 수로를 막아 배수가 점점 나빠짐으로써 농사를 제대로 지을 수 없게 되었다. 이와 같은 상황이 계속됨에 따라 결국 농업 생산기반이 붕괴되었고 문명 자체를 지속시킬 수 없을 정도로 허약한 농경사회로 전락하여 결국에는 문명의 몰락을 맞고 말았다.

산업혁명 이후 기술의 발달로 인해 사람들이 자연을 개발하고 이용하는 양상은 과거와는 큰 차이를 보이고 있다. 특히 산업화와 도시화에 따른 자연 환경의 파괴와 오염이 가속화되고 있는 실정이다. 이로 인한 서식지 면적 감소 및 질(質)의 저하는 야생동물의 생존에 커다란 위협이 되고 있다. 현재 사람의 간섭과 영향이 미치지 않는 야생동물의 서식지는 매우 드물다. 또한 야생동물의 서식지에 대한 사람들의 영향이 줄어들 전망 역시 매우 비관적이다. 지구상의 많은 지역에서 서식하고 있는 야생동식물의 개체수가 심각하게 감소되고 있고, 심지어 그 회복이 불가능해져 멸종위기에 처한 종 역시 급격하게 증가하고 있다.

야생동물이 멸종위기에 처하게 되는 이유로는 1)서식지 파괴, 2)과도한 이용, 3)외래종의 도입, 4)환경오염 등 크게 4가지를 들 수 있다. 이 중 서식지 파괴가 최근 들어 가장 주요한 요인으로 대두되고 있다.

서식지 파괴

사람에 의한 서식지 파괴는 도로 건설, 도시의 확장, 갯벌 매립, 산림 파괴 등을 대표적으로 들 수 있다. 산업화와 도시화가 급속하게 진행됨에 따라 도로의 필요성이 늘어나고, 이에 따라 대규모의 도로건설이 세계 곳곳에서 이루어지고 있다. 도로의 건설로 인해 도로의 폭과 길이만큼의 지역에서는 자연 생태계에 대한 파괴 및 훼손이 일어나며, 차량의 소음과 진동, 전조등 불빛 등은 주변 지역에 서식하는 동식물에게 많은 영향을 준다. 도로가 개설되면 동물들은 앞에 언급한 여러 간섭 요인에 의해 도로주변에 오는 것을 꺼리게 되고, 도로를 가로 질러 이동할 수 없게 되어 서식지 단편화(habitat fragmentation)가 발생한다. 그 밖에도 도로 안으로 동물들이 들어오는 경우에는 차량과 충돌하는 사고가 발생하고, 이때 차량과 충돌한 동물은 사망하거나 심각한 부상을 입기도 한다.

도시가 확장되면 주택, 학교, 상업 지역 등도 필요해질 것이고, 그로 인해 주변의 자연 지역은 감소되고 훼손될 것이다. 특히 대도시는 지속적인 도시의 확장으로 인해 도시 내부 혹은 주변의 자연 지역에 대한 개발 압력과 이용 압력이 매우 거세지고 있는 실정이다. 서울의 예를 보더라도 과거 개발제한구역(그린벨트)으로 지정되어 보호 및 유지되어온 녹지나 산림지역이 근래에 와서 활발히 개발되고 있다. 또한 도심의 내부에 위치한 남산을 비롯한 많은 시민공원 및 근린공원에서는 많은 시민들의 과도한 이용과 출입, 배기가스, 산성비 등의 영향으로 숲의 건강성이 매우 저하되고 있다.

그 밖에 갯벌의 매립이나 산림 파괴 역시 야생동물의 서식지를 직접적으로 감소시킨다. 특히 우리나라의 서해안에서는 갯벌 매립으로 인해 원래 생태계와 다른 특성을 보이는 지역이 증가하고 있다. 대표적인 지역이 시화호, 천수만, 새만금 지역이다. 특히 새만금 지역에 대해서는 방조제를 건설 후 발생할 생태계 변화에 대해 많은 논쟁이 계속되고 있다. 갯벌이나 하천 하구 등의 습지(wetland)는 생물의 생산성이 매우 높아 다양한 생물의 서식지로서 중요한 역할을 한다. 또한 육지로부터 바다로 흘러들어가는 오염물질을 걸러내는 정화 기능도 가지고 있다. 갯벌의 이용이나 개발에 대해서는 이제라도 개발과 보전의 조화를 통해 우리 후손들까지 고려한 장기적인 차원에서 재고해야 할 것이다.

야생동물이 서식지로 이용하던 지역에 도로가 개설된다면,

즉 서식지가 둘로 나뉘어 서로 단절된다면 이것이 야생동물의 서식에 영향을 줄 것은 너무도 자명하다. 동물들은 먹이, 은신처, 물 등을 찾아 서식지 내를 이동하면서 생활한다. 또한 번식기에는 짝을 찾기 위해서 많은 이동을 하기도 한다. 그러므로 단절된 서식지들을 연결시켜주는 방안을 모색하는 것이 필요하다.

이를 위해 선진국에서는 단절된 서식지를 연결하기 위한 생태통로(eco-road), 즉 도로로 단절된 지역을 육교나 지하도의 형태로 연결시키는 방안을 고안해 냈다. 혹은 교량의 하부를 주변 지역과 동일한 서식지로 조성하는 등의 노력을 하고 있다. 우리나라에서도 지리산의 시암재와 강원도 양양의 구룡령을 비롯한 백두대간 지역을 중심으로 도로에 의해 숲이 단절된 지역에 생태통로를 만들고 있다. 아직은 초기단계로 건설및 사후관리에 있어서 미흡한 면이 있지만, 생태계와 야생동물을 고려한 도로의 건설 및 관리라는 측면에서 매우 바람직한 노력을 시작했다고 볼 수 있다.

자연 생태계뿐 아니라 우리의 삶 주변에서 많은 야생동식물이 살 수 있게 하기 위해서는 이들의 서식환경을 개선하고 유지시켜주는 것이 필요하다. 동물의 서식을 위해서는 먹이, 물, 쉼터, 둥지, 은신처 등이 안정적으로 유지되고 공급될 수 있어야 한다. 특히 먹이는 동물의 서식에 있어서 기본적으로 충족되어야 할 서식 필요조건이지만, 아직까지도 사람들에 의한 채취행위는 동물들의 서식에 어려움을 주고 있다. 예를 들어 우리나라 사람들은 가을에 산에서 도토리를 많이 줍곤 하는데, 이것은 청설모, 다람쥐, 오소리, 노루, 멧돼지, 어치 등 많은 동물들의 먹이를 약탈하고 서식지의 질을 심각하게 저하시키는 행위라고 할 수 있다. 특히 도토리는 열량이 매우 높기 때문에 동물들의 겨울나기 먹이로서 매우 중요하다. 따라서 도토리를 주워가는 것은 곧 야생동물의 겨울나기에 심각한 영향을 미칠 수 있으므로 자제해야 할 것이다.

도시 주변이나 내부에 있는 산은 많은 사람들이 등산이나 운동을 하기 위해서 이용하는 곳이다. 그런데 너무 많은 사람들이 빈번하게 통행함에 따라 등산로는 지면이 딱딱해지고 침식작용이 많이 일어나서 동물은 고사하고 식물도 자랄 수 없게 된다. 또한 등산로의 폭은 점점 넓어지고 있다. 사람의 통행으로 인해 지면에 덤불이나 풀, 나무가 자라지 못하면 동물이 이용할 수 있는 자원 역시 감소한다. 그러므로 무분별하게 등산로가 새롭게 생기는 것을 억제하고 적절한 등산로의 관리를 통해서 서식지 파괴를 최소화해야 할 것이다.

과도한 이용

사람들은 지구상에서 생활한 이후 지금까지 동물들을 계속해서 이용해 왔다. 원시시대에는 식량, 의복, 농기구, 제사를 위한 기구, 장식품 등을 만드는 주요한 재료로 동물을 이용했다. 물론 현재에도 동물은 단백질 공급원이나 각종 제품의 원료로서 중요한 역할을 하고 있다.

그러나 생태계 내에 서식하고 있는 야생동물들을 지나치게 많이 포획함에 따라서 많은 종의 개체수가 회복하기 어려울 정도로 감소하고 있다. 우리나라에서도 호랑이, 여우, 늑대, 표범, 사향노루, 반달가슴곰, 물범, 산양, 따오기, 두루미, 독수리, 매, 올빼미 등 많은 야생동물들의 개체수가 심각하게 감소했거나 심지어 일부 종은 더 이상 서식하지 않는 것으로 알려져 있다.

합법적이고 정상적인 수렵(hunting)이 아닌 불법적인 포획을 밀렵(poaching)이라고 한다. 우리나라에서는 특히 겨울에 동물에 대한 밀렵이 극성을 부리고 있다. 이러한 밀렵은 야생동물의 개체수를 감소시켜 서식밀도를 떨어뜨릴 뿐만 아니라 먹이연쇄를 파괴시켜 생태계의 건전성을 직접적으로 위협하는 요인 중의 하나이다.

밀렵이 발생하는 원인으로는 몇 가지를 들 수 있는데, 첫째로 야생동물의 효과에 대한 확인되지 않은 무조건적인 믿음, 즉 맹신(盲信)이다. 국민소득이 증가하면서 잘못된 보신주의가 팽배하여 야생동물에 대한 수요가 급증하였다. 이에 따라 밀렵이 근절되지 못하고 아직까지도 성행하고 있다. 그러나 밀렵에 의해 포획된 동물은 사망 후 평균 10시간 이상 방치되었다가 냉동차량이 아닌 일반차량을 이용해서 비위생적인 방법으로 운반되어 부패되는 경우가 많다. 그러므로 비위생적으로 처리된 것을 먹고 몸이 건강해진다는 것은 이치에 맞

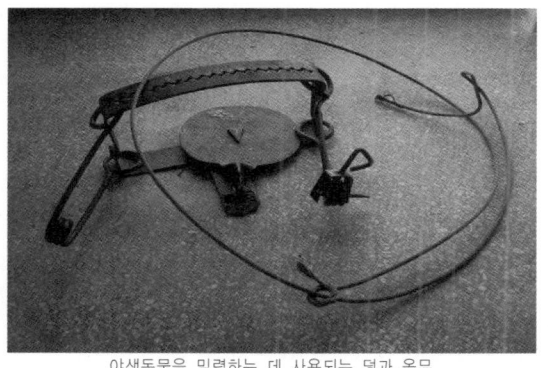

야생동물을 밀렵하는 데 사용되는 덫과 올무

지 않는다.

우리나라에서는 야생동물의 거래가 원천적으로 금지되어 있어, 야생동물의 거래는 밀거래로 이루어질 수밖에 없다. 그러므로 적발이 쉽지 않고 적발된다 할지라도 현실적인 법 적용에 있어서도 형량이 낮은 편이다. 그러나 수요에 비해 절대적인 공급 부족으로 인해 가격이 매우 높게 형성되어 있어 밀렵꾼들이 경제적인 유혹을 쉽게 뿌리치기 어렵다. 밀렵된 동물의 불법 판매 및 불법박제 시장의 규모는 연간 1천5백억 원 이상으로 추정되고 있다.

밀렵행위는 아무런 죄의식이나 도덕적인 거리낌 없이 이루어져 왔다. 우리나라에서 야생동물은 현행 민법상 주인이 없는 무주물(無主物)로 규정되어 있으며, 전통적으로 야생동물 소유에 대한 법의식이 부족하다는 점 등이 밀렵의 주된 원인인으로 생각된다. 뿐만 아니라 동물보호에 대한 국민들의 의식수준도 낮고, 과거로부터 뿌리 깊게 내려온 보신주의가 사회 전반에 걸쳐 만연해 있으며, 야생동물 보호에 대한 주인의식 또한 매우 희박하다. 필자의 전공을 이야기하면 "우리나라에서 좋다고 하는 야생동물은 다 먹고 다니니 좋겠다"고 하는 사람들을 종종 만나곤 한다. 이런 이야기를 들을 때마다 기분이 아주 씁쓸해진다.

외래종 도입

자연적으로 원래 서식지가 아닌 지역에 사람들이 실수로 혹은 의도적으로 새로운 종을 가져온다면 그 지역은 생태적으로 매우 혼란에 빠지게 된다. 이때 새롭게 들어온 종을 외래종(introduced species)이라고 한다. 생태계의 먹이그물(food web)에 의해 모든 동물들은 서로 먹고 먹히는 관계로 연결되어 있다. 그러나 생태계 내에 외래종이 들어와서 기존에 서식하고 있는 종들을 포식하면 이들 종의 개체수가 감소하기 시작할 것이다. 특히 외래종을 잡아먹을 수 있는 포식자가 없는 경우에는 외래종의 개체수가 급격하게 증가해서 생태계의 균형이 붕괴될 수도 있다. 외래종의 도입으로 인해 생태계가 피해를 입는 경우는 전 세계적으로 쉽게 찾아 볼 수 있다.

우리나라에서도 하천생태계를 크게 간섭하고 있는 블루길(blue gill)이나 배스(bass)와 같은 물고기가 큰 문제를 일으키고 있다. 원래 이들 물고기는 식용으로 판매하기 위해 우리나라에 수입되었다. 그러나 우리나라 사람들이 선호하지 않아 판매가 잘 이루어지지 않자 이 물고기들은 양식장에 그대로 방치되었다. 사람의 관리가 전혀 없자 이들은 자연적으로 하천에 유입되어 현재 우리나라의 많은 지역에 서식하게 되었다. 그런데 우리나라의 하천에서 이들 어종이 생태계의 최상위에 위치하게 되어 토종 물고기들의 개체수 감소가 심각하게 발생하고 있는 실정이다.

또한 식용으로 우리나라에 들어온 황소개구리 역시 소비자들로부터 환영받지 못하자 양식장에 방치되었다가 생태계로 퍼져 나갔다. 사냥능력이 탁월할 뿐 아니라 식성도 워낙 좋고, 이들의 개체수를 조절할 수 있는 대형 육식동물이 거의 없는 우리나라의 상황에서 황소개구리는 생태계에 많은 악영향을 주고 있다.

사람들의 잘못된 생각에 의해 우리나라에서 까치가 외래종이 된 사례도 있다. 까치는 우리나라에 서식하고 있는 조류로서 한반도와 주변 섬에 널리 서식한다. 그러나 육지로부터 멀리 떨어져 있는 독도나 제주도와 같은 섬에는 서식하지 않는다. 한반도 주변의 섬은 대한민국의 국토에 속하지만 바다에 의해 단절·격리되어 있다. 즉, 바다는 동물지리학적인 장벽(zoogeographic barrier)인 것이다. 그러나 10여 년 전 한 매스컴과 기업이 주도적으로 나서서 우리나라의 길조인 까치를 제주도에 살게 하자는 주장이 제기되었다. 많은 생태학자들의 반대에도 불구하고 두 회사는 일부 몰지각한 학자들과 같이 제주도에 까치를 방사하고 그것을 언론에 크게 보도한 적이 있다. 제주도 역시 대한민국의 국토이지만 생태학적으로는 분명히 외래종인 까치를 제주도에 인위적으로 도입한 것이다.

그런데 10여 년이 지난 지금 제주도에서는 어떤 일이 벌어지고 있을까? 지금은 제주도의 어느 지역을 가더라도 까치를 쉽게 아주 많이 볼 수 있다. 반가운 마음보다는 우려와 걱정이 앞선다. 제주도에서 포식자가 없는 까치는 그 개체수가 많이 증가했으며, 작은 새들을 공격하고 다른 새의 알을 포식하는 일들이 빈번하게 발생하고 있다. 또한 먹이가 부족한지 이제는 농작물에도 피해를 만만치 않게 주고 있다. 농작물에 대한 피해와 생태계의 균형 파괴에 대한 책임은 누가, 어떻게 질 것인가? 제주도에 까치를 방사한 사람들에게 물어보고 싶다.

환경오염

고도로 산업화된 현대사회의 문제점 중의 하나가 바로 환경오염이다. 사람들에 의해 발생된 다양한 물질들, 특히 화학물질 및 중금속 등은 수질오염, 토양오염, 대기오염 등의 문제를 발생시키고 있다. 이러한 환경오염으로 인해 생태계 내에 살고 있는 모든 동식물들은 직·간접적으로 피해를 받고 있다.

동물들이 살아가는 서식지는 환경오염으로 인해 서식지의 질이 매우 저하된다. 먹잇감이 부족해지고 마실 물이 감소하는 문제에서부터 오염물질의 체내 축적으로 인한 질병 및 악

영향까지 매우 다양하고 심각한 문제가 발생된다. 요즘 들어 동물들의 서식지인 생태계에 큰 영향을 미치는 것 중의 하나가 바로 산성비(acid rain)이다.

대기 중의 이산화탄소 농도의 증가와 더불어 다른 산성화의 요인에 의해 pH 5.6 이하의 값을 가지는 비를 산성비라고 한다. 산성비에 의해 유럽의 산림국가인 독일과 스위스에서는 전체 숲의 50% 이상이 피해를 입어 황폐화되었으며, 유럽의 다른 국가에서도 수십만 헥타르(ha)의 숲이 소실되고 있다. 이러한 현상을 산림쇠퇴라고 한다. 산림쇠퇴현상은 유럽뿐만 아니라 미국 동북부 지역과 캐나다에서도 나타나고 있는데 넓은 지역에서 숲이 원래의 모습을 잃고 있다.

산성비에 의한 피해는 산림의 황폐화뿐만 아니라 농작물 수확량의 감소, 호수나 하천의 생물다양성 감소, 건축물이나 차량의 부식 등 다양한 형태로 나타나고 있다. 산림이나 하천, 호수, 도시에서 산성비로 인해 숲이 죽어가면 그 속에 살고 있는 동물들 역시 서식에 큰 어려움을 겪게 될 것은 너무나 당연하다. 그러므로 생태계를 건전하게 유지시키는 것은 앞으로 우리가 풀어야 할 매우 중요한 과제이다.

인류, 혼자만 잘 살 수 있을까?

동물의 가치와 중요성

동물들은 여러 다양한 가치를 가지고 있다. 먼저 미적 (esthetic) 가치를 들 수 있다. 예로부터 동물들은 아름다움의 대상이었다. 그래서 사람들이 만들어 놓은 미술, 음악, 문학, 건축물 등에 아름다운 모습으로 많이 등장하고 있다. 아름다움의 대상으로서 동물의 가치는 동·서양을 막론하고 고대에서부터 현재에 이르기까지 다양한 장르의 예술 분야에서 잘 나타나고 있다.

두 번째로 휴양적(recreational) 가치이다. 동물들은 사냥, 낚시, 생태관광 등의 주요 대상이 된다. 막대한 금액의 가치를 지닌 시장이 전 세계적으로 형성되었으며, 많은 사람들이 이들 업계에 종사하고 있다. 또한 동물이 사람들로 하여금 휴식을 즐기고 삶에 활력을 재충전할 수 있게 한다는 점에서 가지는 무형의 가치는 시장의 규모보다 훨씬 더 가치가 있을 것으로 추측된다.

동물들, 특히 야생동물은 생태계의 안정성과 건전한 기능을 유지하는 역할을 하는데, 이러한 역할을 생태적(ecological) 가치라 한다. 예를 들면 생태계 내에서 상위에 위치하고 있는 고차소비자의 포식활동에 의한 하위 동물들의 개체수 조절 기능, 식물의 꽃가루 혹은 종자를 옮기는 기능 등 다양한 기능을 가지고 있다.

또한 교육 및 과학적(educational and scientific) 가치를 들 수 있는데, 이것은 동물의 행동이나 생태가 인간의 생활양식, 윤리, 사회 구조를 움직일 수 있는 가치이다. 동물의 행동이나 생태는 교육이나 과학의 대상이 될 수 있고, 그것의 연구결과는 사람들에게 영향을 줄 수 있다. 예를 들면 생물다양성의 감소에 대한 학자들의 연구 결과를 통해서 사람들은 자연생태계 및 생명의 소중함을 깨닫게 되며, 생계 및 환경의 보호를 위한 많은 활동과 규제를 만들어낸다.

사람들은 동물을 이용해서 필요한 많은 것들을 얻고 있다. 즉, 동물들은 사람에게 많은 이용적(utilitarian) 가치를 가지고 있다. 과거로부터 많은 야생동물들을 가축화해서 지금까지 중요한 단백질 자원으로 이용하고 있다. 또한 의료 및 실험동물용으로 많은 동물들을 이용함으로써 인류의 건강과 복지 증진에 기여하고 있다.

마지막으로 상업적(commercial) 가치를 들 수 있다. 이는 동물을 근간으로 해서 직접 화폐로 창출되는 가치, 즉 사고팔 수 있는 동물의 신체 혹은 신체 일부, 동물의 부산물에 의해 창출되는 가치를 의미한다. 사람들은 집에서 키우는 강아지나 고양이와 같이 동물 자체를 상업적으로 거래해서 상업적 가치를 창출하거나, 아프리카 코끼리의 상아, 호랑이 가죽, 반달가슴곰 쓸개, 상어 지느러미 등을 통해서 이익을 얻고 있다. 그러나 살아 있는 희귀동물 및 사체, 신체 일부분, 가공품의 거래는 국제적으로 엄격한 규제와 감시를 받고 있다.

동물들이 긍정적인 가치만을 가지고 있는 것은 아니다. 예를 들어 자동차나 비행기와 야생 조류 및 포유류가 부딪쳐서 발생하는 크고 작은 충돌사고, 야생동물에 의한 가축 및 농작물 피해, 질병의 매개체 역할 등은 동물들이 가지는 부정적인 가치들의 예에 해당한다. 전 세계적으로 사슴, 고라니, 멧돼지 등의 대형 포유류와 자동차의 충돌로 인한 피해는 지속적으로 증가하고 있다. 특히 고속도로에서의 충돌사고는 운전자 및 차량에 큰 위협이 아닐 수 없다. 우리나라에서도 매년 많은 수의 고라니, 멧돼지, 들개, 들고양이가 차량과 충돌하는 사고가 발생하고 있다.

또한 일부 동물의 개체수 증가로 인해 축산농가 및 농작물에 많은 피해를 발생하기도 한다. 특히 멧돼지나 고라니의 개체수 증가로 인해 논과 밭에 많은 피해를 주어 농민들이 큰 곤란을 겪고 있다. 생태계가 잘 보전되어 있는 숲 주변에서는 삵이나 오소리가 닭이나 오리를 사육하고 있는 축산농가에 피해를 주는 경우도 발생하고 있다.

야생동물이 질병의 매개체 역할을 하는 경우는 쉽게 발견할 수 있다. 광견병, 유행성출혈열 등 역시 야생동물에 의해 전염되는 무서운 질병들이다. 특히 근래에 전 세계적으로 발병하고 있는 조류인플루엔자(avian influenza)는 병원체가 야생조류에 의해 닭·오리 등의 가금류에게 옮겨진다는 것이 밝혀진 이후 사람에 대한 전염가능성에 대한 우려가 높아지고 있다.

동물들은 오랜 세월 동안 자연생태계에 나름대로 적응하여 훌륭하게 생존해왔다. 그런데 최근 들어 사람들이 자연을 과도하게 개발하고 이용함에 따라 동물의 정상적인 서식에 큰 지장과 위협을 초래하고 있다. 지구의 자연과 생태계는 사람들만의 것이 아니라 그 속에서 살고 있는 무수히 많은 생명체들이 공동으로 소유하고 있는 것이다. 그러므로 이제는 경제적 이익만을 추구하는 편협한 생각에서 벗어나 진정한 만물의 영장으로서 우리들의 책임과 역할에 대한 고려가 필요한 시기이다.

사람과 동물의 공존

환경문제라고 하면 우리는 흔히 환경오염만을 떠올리게 된다. 그러나 인구, 주택, 식량, 자원, 밀렵, 서식지 파괴, 산성비, 지구온난화, 오존층 파괴 등등 환경문제는 셀 수 없을 정도로 많이 발생하고 있다. 또한 이러한 환경문제들은 각각이 독립적으로 존재하는 것이 아니라 문제들끼리 혹은 사회 및 그 구성원인 사람들과 깊은 상호 관련성을 가지고 복잡한 형태로 발생하고 있다. 그러므로 환경문제를 해결하고 자연 생태계가 건전하게 유지되기 위해서는 우리 사람들이 자연과 환경을 바라보는 가치관의 변화, 즉 새로운 환경윤리가 먼저 정립되어야 할 것이다.

산업혁명 이후 본격적으로 발달한 과학과 산업기술의 연결은 자연을 주로 정복의 대상으로 보기 시작했다. 이는 결국 오늘날 지구환경의 위기를 초래한 원인으로 작용하게 되었다. 우리나라 역시 일제 강점기 동안의 자원 수탈과 한국전쟁, 급격한 산업화를 통해 많은 환경문제를 안고 있다. 그러나 우리 조상들은 자연을 이용과 정복의 대상이 아닌, 인간과의 조화의 대상으로 여겼다. 이러한 우리 조상들의 훌륭한 자연관을 오늘에 되살려 현재의 환경 위기를 벗어나기 위한 공존과 조화를 모색하는 것이 절실히 필요하다.

자연과 생태계 특히 동물들은 더 이상 우리들의 정복이나 절대적인 이용의 대상이 아니며, 자연을 마음대로 훼손하고 모두 써 버릴 권한 역시 우리에게는 없다. 동물들을 비롯한 모든 생명체들은 생태계 내에서 잘 살아갈 수 있는 권리를 가지고 있다. 인류가 생활하고 문명을 유지하기 위해서는 어쩔 수 없이 생태계에 대한 훼손이나 간섭이 필연적으로 발생할 수밖에 없지만, 앞으로는 지속가능성(sustainability)을 고려한 생태계의 이용 및 관리가 이루어져야 할 것이다.

이제는 무조건적인 이용이 아니라 동물이나 생태계와의 공존을 모색해야 할 때이다. 자연은 우리 세대의 것만이 아니다. 우리의 후손들 역시 깨끗하고 쾌적한 자연과 생태계를 누릴 권리가 있고, 우리는 아름다운 자연을 그들에게 물려주어야 한다. 이것이 바로 미래 세대에 대한 우리의 책임이고 요즘 절실히 필요한 환경윤리의 근간이다.

참고문헌

유병호, 『저 푸름을 닮은 야생동물』, 다른세상, 2000.

이우신, 『우리가 정말 알아야 할 우리 새 백 가지』, 현암사, 1994.

임신재, 「들꿩의 분포, 행동 생태 및 서식지 이용 특성에 관한 연구」, 서울대학교 박사학위 논문, 2002.

임신재 외, 『동물 행동의 이해와 응용』, 라이프사이언스, 2005.

한국경관생태연구회, 『경관생태학』, 도서출판 동화기술, 2001.

Alcock, J., *Animal behavior: an evolutionary approach*(7th ed.), Sinauer Associates, Inc., Sunderland., 2001.

_____, *The triumph of sociobiology*, Oxford University Press, New York, 2001.

De Wall, F., *Chimpanzee politics*, The Johns Hopkins University Press, Baltimore, 1998.

Festa-Bianchest, M. and M. Apollonio., *Animal behavior and wildlife conservation*, Island Press, Washington, 2003.

Goodenough, F., B. McGuire and R. A. Wallace, *Perspectives on animal behavior*(2nd ed.), John Wiley & Sons. Inc. New York, 2001.

Krebs. C. J., *Ecology: the experimental analysis of distribution and abundance*(4th ed.), Harper Collins College Publishers, New York, 1994.

Rhim, S. J. and W. S. Lee, "Winter sociality of hazel grouse *Bonasa bonasia* in relation to habitat in a temperate forest of South Korea", Wildlife Biology 9: pp.365-370, 2003.

Rhim, S. J. and W. S. Lee, "Seasonal changes in territorial behavior of hazel grouse *Bonasa bonasia* in a temperate forest of South Korea", Journal of Ornithology 145: pp.31-34, 2004.

Rolands, M., *Animals like us*, Escargot Publishing Co, Verso, 2002.

Stott, J., *The birds our teachers*, Concorde House, London, 1999.

프랑스엔 〈크세주〉, 일본엔 〈이와나미 문고〉,
한국에는 〈살림지식총서〉가 있습니다.

📖 전자책 | 🔍 큰글자 | 🔊 오디오북

001 미국의 좌파와 우파 | 이주영 📖 🔊
002 미국의 정체성 | 김형인 📖 🔍
003 마이너리티 역사 | 손영호 📖
004 두 얼굴을 가진 하나님 | 김형인 📖
005 MD | 정욱식 📖 🔍
006 반미 | 김진웅 📖
007 영화로 보는 미국 | 김성곤 📖 🔍
008 미국 뒤집어보기 | 장석정
009 미국 문화지도 | 장석정
010 미국 메모랜덤 | 최성일
011 위대한 어머니 여신 | 장영란 📖 🔍
012 변신이야기 | 김선자 📖
013 인도신화의 계보 | 류경희 📖 🔍
014 축제인류학 | 류정아 📖
015 오리엔탈리즘의 역사 | 정진농 📖 🔍
016 이슬람 문화 | 이희수 📖 🔍
017 살롱문화 | 서정복 📖
018 추리소설의 세계 | 정규웅 🔍
019 애니메이션의 장르와 역사 | 이용배 📖
020 문신의 역사 | 조현설 📖
021 색채의 상징, 색채의 심리 | 박영수 📖 🔍
022 인체의 신비 | 이성주 📖 🔍
023 생물학무기 | 배우철 📖
024 이 땅에서 우리말로 철학하기 | 이기상
025 중세는 정말 암흑기였나 | 이경재 📖 🔍
026 미셸 푸코 | 양운덕 📖
027 포스트모더니즘에 대한 성찰 | 신승환 📖 🔍
028 조폭의 계보 | 방성수
029 성스러움과 폭력 | 류성민 📖
030 성상 파괴주의와 성상 옹호주의 | 진형준 📖
031 UFO학 | 성시정
032 최면의 세계 | 설기문
033 천문학 탐구자들 | 이면우
034 블랙홀 | 이충환 📖
035 법의학의 세계 | 이윤성 📖 🔍
036 양자 컴퓨터 | 이순칠 📖
037 마피아의 계보 | 안혁 📖 🔍
038 헬레니즘 | 윤진 📖
039 유대인 | 정성호 📖 🔍
040 M. 엘리아데 | 정진홍 📖
041 한국교회의 역사 | 서정민 📖 🔍
042 야훼와 바알 | 김남일 📖
043 캐리커처의 역사 | 박창석
044 한국 액션영화 | 오승욱 📖
045 한국 문예영화 이야기 | 김남석 📖
046 포켓몬 마스터 되기 | 김윤아 📖

047 판타지 | 송태현 📖
048 르 몽드 | 최연구 📖 🔍
049 그리스 사유의 기원 | 김재홍 📖
050 영혼론 입문 | 이정우
051 알베르 카뮈 | 유기환 📖 🔍
052 프란츠 카프카 | 편영수 📖
053 버지니아 울프 | 김희정 📖
054 재즈 | 최규용 📖 🔍
055 뉴에이지 음악 | 양한수 📖
056 중국의 고구려사 왜곡 | 최광식 📖 🔍
057 중국의 정체성 | 강준영 📖
058 중국의 문화코드 | 강진석 🔍
059 중국사상의 뿌리 | 장현근 📖 🔍
060 화교 | 정성호 📖
061 중국인의 금기 | 장범성 🔍
062 무협 | 문현선 📖
063 중국영화 이야기 | 임대근 📖
064 경극 | 송철규 📖
065 중국적 사유의 원형 | 박정근 📖 🔍
066 수도원의 역사 | 최형걸 📖
067 현대 신학 이야기 | 박만 📖
068 요가 | 류경희 📖 🔍
069 성공학의 역사 | 정해윤 📖
070 진정한 프로는 변화가 즐겁다 | 김학선 📖 🔍
071 외국인 직접투자 | 송의달
072 지식의 성장 | 이한구 📖 🔍
073 사랑의 철학 | 이정은 📖
074 유교문화와 여성 | 김미영 📖
075 매체 정보란 무엇인가 | 구연상 📖 🔍
076 피에르 부르디외와 한국사회 | 홍성민 📖
077 21세기 한국의 문화혁명 | 이정덕 📖
078 사건으로 보는 한국의 정치변동 | 양길현 📖 🔍
079 미국을 만든 사상들 | 정경희 📖 🔍
080 한반도 시나리오 | 정욱식 📖
081 미국인의 발견 | 우수근 📖
082 미국의 거장들 | 김홍국 📖
083 법으로 보는 미국 | 채동배
084 미국 여성사 | 이창신 📖
085 책과 세계 | 강유원 🔍
086 유럽왕실의 탄생 | 김현수 📖 🔍
087 박물관의 탄생 | 전진성 📖
088 절대왕정의 탄생 | 임승휘 📖 🔍
089 커피 이야기 | 김성윤 📖 🔍
090 축구의 문화사 | 이은호
091 세기의 사랑 이야기 | 안재필 📖 🔍
092 반연극의 계보와 미학 | 임준서 📖

093 한국의 연출가들 | 김남석 📖
094 동아시아의 공연예술 | 서연호 📖
095 사이코드라마 | 김정일 📖
096 철학으로 보는 문화 | 신응철 📖 🔎
097 장 폴 사르트르 | 변광배 📖
098 프랑스 문화와 상상력 | 박기현 📖
099 아브라함의 종교 | 공일주 📖
100 여행 이야기 | 이진홍 📖 🔎
101 아테네 | 장영란 📖 🔎
102 로마 | 한형곤 📖
103 이스탄불 | 이희수 📖
104 예루살렘 | 최창모 📖
105 상트 페테르부르크 | 방일권 📖
106 하이델베르크 | 곽병휴 📖
107 파리 | 김복래 📖
108 바르샤바 | 최건영 📖
109 부에노스아이레스 | 고부안 📖
110 멕시코 시티 | 정혜주 📖
111 나이로비 | 양철준 📖
112 고대 올림픽의 세계 | 김복희 📖
113 종교와 스포츠 | 이창익 📖
114 그리스 미술 이야기 | 노성두 📖
115 그리스 문명 | 최혜영 📖
116 그리스와 로마 | 김덕수 📖 🔎
117 알렉산드로스 | 조현미 📖
118 고대 그리스의 시인들 | 김헌 📖
119 올림픽의 숨은 이야기 | 장원재 📖
120 장르 만화의 세계 | 박인하 📖
121 성공의 길은 내 안에 있다 | 이숙영 📖 🔎
122 모든 것을 고객중심으로 바꿔라 | 안상헌 📖
123 중세와 토마스 아퀴나스 | 박주영 📖 🔎
124 우주 개발의 숨은 이야기 | 정홍철 📖
125 나노 | 이영희 📖
126 초끈이론 | 박재모·현승준 📖
127 안토니 가우디 | 손세관 📖 🔎
128 프랭크 로이드 라이트 | 서수경 📖
129 프랭크 게리 | 이일형
130 리차드 마이어 | 이성훈 📖
131 안도 다다오 | 임채진 📖
132 색의 유혹 | 오수연 📖
133 고객을 사로잡는 디자인 혁신 | 신언모
134 양주 이야기 | 김준철 📖
135 주역과 운명 | 심의용 📖 🔎
136 학계의 금기를 찾아서 | 강성민 🔎
137 미·일 새로운 패권전략 | 우수근 📖 🔎
138 세계지도의 역사와 한반도의 발견 | 김상근 📖 🔎
139 신용하 교수의 독도 이야기 | 신용하 📖
140 간도는 누구의 땅인가 | 이성환 📖 🔎
141 말리노프스키의 문화인류학 | 김용환 📖
142 크리스마스 | 이영제
143 바로크 | 신정아 📖
144 페르시아 문화 | 신규섭 📖
145 패션과 명품 | 이재진 📖
146 프랑켄슈타인 | 장정희 📖
147 뱀파이어 연대기 | 한혜원 📖 🔊
148 위대한 힙합 아티스트 | 김정훈 📖
149 살사 | 최명호
150 모던 걸, 여우 목도리를 버려라 | 김주리 📖
151 누가 하이카라 여성을 데리고 사누 | 김미지 📖
152 스위트 홈의 기원 | 백지혜 📖
153 대중적 감수성의 탄생 | 강심호 📖
154 에로 그로 넌센스 | 소래섭 📖
155 소리가 만들어낸 근대의 풍경 | 이승원 📖
156 서울은 어떻게 계획되었는가 | 염복규 📖 🔎
157 부엌의 문화사 | 함한희 📖
158 칸트 | 최인숙 📖
159 사람은 왜 인정받고 싶어하나 | 이정은 📖 🔎
160 지중해학 | 박상진 📖
161 동북아시아 비핵지대 | 이삼성 외
162 서양 배우의 역사 | 김정수
163 20세기의 위대한 연극인들 | 김미혜 📖
164 영화음악 | 박신영 📖
165 한국독립영화 | 김수남 📖
166 영화와 샤머니즘 | 이종승 📖
167 영화로 보는 불륜의 사회학 | 황혜진 📖
168 J.D. 샐린저와 호밀밭의 파수꾼 | 김성곤 📖
169 허브 이야기 | 조태동·송진희 📖 🔎
170 프로레슬링 | 성민수 📖
171 프랑크푸르트 | 이기식 📖
172 바그다드 | 이동은 📖
173 아테네인, 스파르타인 | 윤진 📖
174 정치의 원형을 찾아서 | 최자영 📖
175 소르본 대학 | 서정복 📖
176 테마로 보는 서양미술 | 권용준 📖 🔎
177 칼 마르크스 | 박영균
178 허버트 마르쿠제 | 손철성 📖
179 안토니오 그람시 | 김현우 📖
180 안토니오 네그리 | 윤수종 📖
181 박이문의 문학과 철학 이야기 | 박이문 📖 🔎
182 상상력과 가스통 바슐라르 | 홍명희 📖
183 인간복제의 시대가 온다 | 김홍재
184 수소 혁명의 시대 | 김미선 📖
185 로봇 이야기 | 김문상 📖
186 일본의 정체성 | 김필동 📖 🔎
187 일본의 서양문화 수용사 | 정하미 📖 🔎
188 번역과 일본의 근대 | 최경옥 📖
189 전쟁국가 일본 | 이성환 📖
190 한국과 일본 | 하우봉 📖 🔎
191 일본 누드 문화사 | 최유경 📖
192 주신구라 | 이준섭
193 일본의 신사 | 박규태 📖
194 미야자키 하야오 | 김윤아 📖 🔊
195 애니메이션으로 보는 일본 | 박규태 📖
196 디지털 에듀테인먼트 스토리텔링 | 강심호 📖
197 디지털 애니메이션 스토리텔링 | 배주영 📖
198 디지털 게임의 미학 | 전경란 📖
199 디지털 게임 스토리텔링 | 한혜원 📖
200 한국형 디지털 스토리텔링 | 이인화 📖

201 디지털 게임, 상상력의 새로운 영토 | 이정엽 🔊
202 프로이트와 종교 | 권수영 📖
203 영화로 보는 태평양전쟁 | 이동훈 📖
204 소리의 문화사 | 김토일 📖
205 극장의 역사 | 임종엽 📖
206 뮤지엄건축 | 서상우 📖
207 한옥 | 박명덕 📖🔍
208 한국만화사 산책 | 손상익
209 만화 속 백수 이야기 | 김성훈
210 코믹스 만화의 세계 | 박석환 📖
211 북한만화의 이해 | 김성훈 · 박소현
212 북한 애니메이션 | 이대연 · 김경임
213 만화로 보는 미국 | 김기홍
214 미생물의 세계 | 이재열 📖
215 빛과 색 | 변종철 📖
216 인공위성 | 장영근 📖
217 문화콘텐츠란 무엇인가 | 최연구 📖🔍
218 고대 근동의 신화와 종교 | 강성열 📖
219 신비주의 | 금인숙 📖
220 십자군, 성전과 약탈의 역사 | 진원숙
221 종교개혁 이야기 | 이성덕 📖
222 자살 | 이진홍 📖
223 성, 그 억압과 진보의 역사 | 윤가현 📖
224 아파트의 문화사 | 박철수 📖
225 권오길 교수가 들려주는 생물의 섹스 이야기 | 권오길 📖
226 동물행동학 | 임신재 📖
227 한국 축구 발전사 | 김성원 📖
228 월드컵의 위대한 전설들 | 서준형
229 월드컵의 강국들 | 심재희
230 스포츠마케팅의 세계 | 박찬혁
231 일본의 이중권력, 쇼군과 천황 | 다카시로 고이치
232 일본의 사소설 | 안영희 📖
233 글로벌 매너 | 박한표 📖
234 성공하는 중국 진출 가이드북 | 우수근
235 20대의 정체성 | 정성호 📖
236 중년의 사회학 | 정성호 📖🔍
237 인권 | 차병직 📖
238 헌법재판 이야기 | 오호택 📖
239 프라하 | 김규진 📖
240 부다페스트 | 김성진 📖
241 보스턴 | 황선희 📖
242 돈황 | 전인초 📖
243 보들레르 | 이건수 📖
244 돈 후안 | 정동섭 📖
245 사르트르 참여문학론 | 변광배 📖
246 문제론 | 이종오 📖
247 올더스 헉슬리 | 김효원 📖
248 탈식민주의에 대한 성찰 | 박종성 📖🔍
249 서양 무기의 역사 | 이내주
250 백화점의 문화사 | 김인호 📖
251 초콜릿 이야기 | 정한진 📖
252 향신료 이야기 | 정한진 📖
253 프랑스 미식 기행 | 심순철
254 음식 이야기 | 윤진아 📖🔍

255 비틀스 | 고영탁 📖
256 현대시와 불교 | 오세영 📖
257 불교의 선악론 | 안옥선 🔍
258 질병의 사회사 | 신규환 📖
259 와인의 문화사 | 고형욱 📖
260 와인, 어떻게 즐길까 | 김준철 📖🔍
261 노블레스 오블리주 | 예종석 📖🔍
262 미국인의 탄생 | 김진웅 📖
263 기독교의 교파 | 남병두 📖🔍
264 플로티노스 | 조규홍 📖
265 아우구스티누스 | 박경숙 📖
266 안셀무스 | 김영철 📖
267 중국 종교의 역사 | 박종우 📖
268 인도의 신화와 종교 | 정광흠
269 이라크의 역사 | 공일주 📖
270 르 코르뷔지에 | 이관석 📖
271 김수영, 혹은 시적 양심 | 이은정 📖🔍🔊
272 의학사상사 | 여인석 📖
273 서양의학의 역사 | 이재담 📖🔍
274 몸의 역사 | 강신익 📖
275 인류를 구한 항균제들 | 예병일 📖
276 전쟁의 판도를 바꾼 전염병 | 예병일
277 사상의학 바로 알기 | 장동민 📖🔍
278 조선의 명의들 | 김호 📖
279 한국인의 관계심리학 | 권수영 📖🔍
280 모건의 가족 인류학 | 김용환
281 예수가 상상한 그리스도 | 김호경 📖
282 사르트르와 보부아르의 계약결혼 | 변광배 📖🔍
283 초기 기독교 이야기 | 진원숙 📖
284 동유럽의 민족 분쟁 | 김철민 📖
285 비잔틴제국 | 진원숙 📖
286 오스만제국 | 진원숙 📖
287 별을 보는 사람들 | 조상호
288 한미 FTA 후 직업의 미래 | 김준성 📖
289 구조주의와 그 이후 | 김종우 📖
290 아도르노 | 이종하 📖
291 프랑스 혁명 | 서정복 📖🔍
292 메이지유신 | 장인성 📖🔍
293 문화대혁명 | 백승욱 📖🔍
294 기생 이야기 | 신현규 📖
295 에베레스트 | 김법모 📖
296 빈 | 인성기 📖
297 발트3국 | 서진석 📖
298 아일랜드 | 한일동 📖
299 이케다 하야토 | 권혁기 📖
300 박정희 | 김성진 📖🔊
301 리콴유 | 김성진 📖
302 덩샤오핑 | 박형기 📖
303 마거릿 대처 | 박동운 📖🔊
304 로널드 레이건 | 김형곤 📖🔊
305 셰이크 모하메드 | 최진영 📖
306 유엔사무총장 | 김정태 📖
307 농구의 탄생 | 손대범 📖
308 홍차 이야기 | 정은희 📖🔍

309 인도 불교사 | 김미숙
310 아힌사 | 이정호
311 인도의 경전들 | 이재숙
312 글로벌 리더 | 백형찬
313 탱고 | 배수경
314 미술경매 이야기 | 이규현
315 달마와 그 제자들 | 우봉규
316 화두와 좌선 | 김호귀
317 대학의 역사 | 이광주
318 이슬람의 탄생 | 진원숙
319 DNA분석과 과학수사 | 박기원
320 대통령의 탄생 | 조지형
321 대통령의 퇴임 이후 | 김형곤
322 미국의 대통령 선거 | 윤용희
323 프랑스 대통령 이야기 | 최연구
324 실용주의 | 이유선
325 맥주의 세계 | 원융희
326 SF의 법칙 | 고장원
327 원효 | 김원명
328 베이징 | 조창완
329 상하이 | 김윤희
330 홍콩 | 유영하
331 중화경제의 리더들 | 박형기
332 중국의 엘리트 | 주장환
333 중국의 소수민족 | 정재남
334 중국을 이해하는 9가지 관점 | 우수근
335 고대 페르시아의 역사 | 유흥태
336 이란의 역사 | 유흥태
337 에스파한 | 유흥태
338 번역이란 무엇인가 | 이향
339 해체론 | 조규형
340 자크 라캉 | 김용수
341 하지홍 교수의 개 이야기 | 하지홍
342 다방과 카페, 모던보이의 아지트 | 장유정
343 역사 속의 채식인 | 이광조
344 보수와 진보의 정신분석 | 김용신
345 저작권 | 김기태
346 왜 그 음식은 먹지 않을까 | 정한진
347 플라멩코 | 최명호
348 월트 디즈니 | 김지영
349 빌 게이츠 | 김익현
350 스티브 잡스 | 김상훈
351 잭 웰치 | 하정필
352 워런 버핏 | 이민주
353 조지 소로스 | 김성진
354 마쓰시타 고노스케 | 권혁기
355 도요타 | 이우광
356 기술의 역사 | 송성수
357 미국의 총기 문화 | 손영호
358 표트르 대제 | 박지배
359 조지 워싱턴 | 김형곤
360 나폴레옹 | 서정복
361 비스마르크 | 김장수
362 모택동 | 김승일

363 러시아의 정체성 | 기연수
364 너는 사방 위험한 로봇이다 | 오은
365 발레리나를 꿈꾼 로봇 | 김선혁
366 로봇 선생님 가라사대 | 안동근
367 로봇 디자인의 숨겨진 규칙 | 구신애
368 로봇을 향한 열정, 일본 애니메이션 | 안병욱
369 도스토예프스키 | 박영은
370 플라톤의 교육 | 장영란
371 대공황 시대 | 양동휴
372 미래를 예측하는 힘 | 최연구
373 꼭 알아야 하는 미래 질병 10가지 | 우정헌
374 과학기술의 개척자들 | 송성수
375 레이첼 카슨과 침묵의 봄 | 김재호
376 좋은 문장 나쁜 문장 | 송준호
377 바울 | 김호경
378 테킬라 이야기 | 최명호
379 어떻게 일본 과학은 노벨상을 탔는가 | 김범성
380 기후변화 이야기 | 이유진
381 상송 | 전금주
382 이슬람 예술 | 전완경
383 페르시아의 종교 | 유흥태
384 삼위일체론 | 유해무
385 이슬람 율법 | 공일주
386 금강경 | 곽철환
387 루이스 칸 | 김낙중 · 정태용
388 톰 웨이츠 | 신주현
389 위대한 여성 과학자들 | 송성수
390 법원 이야기 | 오호택
391 명예훼손이란 무엇인가 | 안상운
392 사법권의 독립 | 조지형
393 피해자학 강의 | 장규원
394 정보공개란 무엇인가 | 안상운
395 적정기술이란 무엇인가 | 김정태 · 홍성욱
396 치명적인 금융위기, 왜 유독 대한민국인가 | 오형규
397 지방자치단체, 돈이 새고 있다 | 최인욱
398 스마트 위험사회가 온다 | 민경식
399 한반도 대재난, 대책은 있는가 | 이정직
400 불안사회 대한민국, 복지가 해답인가 | 신광영
401 21세기 대한민국 대외전략 | 김기수
402 보이지 않는 위협, 종북주의 | 류현수
403 우리 헌법 이야기 | 오호택
404 핵심 중국어 간체자(簡體字) | 김현정
405 문화생활과 문화주택 | 김용범
406 미래주거의 대안 | 김세용 · 이재준
407 개방과 폐쇄의 딜레마, 북한의 이중적 경제 | 남성욱 · 정유석
408 연극과 영화를 통해 본 북한 사회 | 민병욱
409 먹기 위한 개방, 살기 위한 해외교 | 김계동
410 북한 정권 붕괴 가능성과 대비 | 전경주
411 북한을 움직이는 힘, 군부의 패권경쟁 | 이영훈
412 인민의 천국에서 벌어지는 인권유린 | 허만호
413 성공을 이끄는 마케팅 법칙 | 추성엽
414 커피로 알아보는 마케팅 베이직 | 김민주
415 쓰나미의 과학 | 이호준
416 20세기를 빛낸 극작가 20인 | 백승무

417 20세기의 위대한 지휘자 | 김문경 ▣ ✿

418 20세기의 위대한 피아니스트 | 노태헌 ▣ ✿

419 뮤지컬의 이해 | 이동섭

420 위대한 도서관 건축 순례 | 최정태 ▣ ✿

421 아름다운 도서관 오디세이 | 최정태 ▣ ✿

422 롤링 스톤즈 | 김기범 ▣

423 서양 건축과 실내디자인의 역사 | 천진희 ▣

424 서양 가구의 역사 | 공혜원 ▣

425 비주얼 머천다이징&디스플레이 디자인 | 강희수

426 호감의 법칙 | 김경호 ▣

427 시대의 지성, 노암 촘스키 | 임기대 ▣

428 역사로 본 중국음식 | 신계숙 ▣ ✿

429 일본요리의 역사 | 박병학 ▣ ✿

430 한국의 음식문화 | 도현신 ▣

431 프랑스 음식문화 | 민혜련 ▣

432 중국차 이야기 | 조은아 ▣ ✿

433 디저트 이야기 | 안호기 ▣

434 치즈 이야기 | 박승용 ▣

435 면(麵) 이야기 | 김한송 ▣ ✿

436 막걸리 이야기 | 정은숙 ▣ ✿

437 알렉산드리아 비블리오테카 | 남태우 ▣

438 개헌 이야기 | 오호택 ▣

439 전통 명품의 예술, 규장각 | 신병주 ▣ ✿

440 에로스의 예술, 발레 | 김도윤 ▣

441 소크라테스를 알라 | 장영란 ▣

442 소프트웨어가 세상을 지배한다 | 김재호 ▣

443 국제난민 이야기 | 김철민 ▣

444 셰익스피어 그리고 인간 | 김도윤 ▣

445 명상이 경쟁력이다 | 김필수 ▣ ✿

446 갈매나무의 시인 백석 | 이숭원 ▣ ✿

447 브랜드를 알면 자동차가 보인다 | 김흥식 ▣

448 파이온에서 힉스 입자까지 | 이강영 ▣

449 알고 쓰는 화장품 | 구희연 ▣

450 희망이 된 인문학 | 김호연 ▣ ✿

451 한국 예술의 큰 별 동랑 유치진 | 백형찬 ▣

452 경허와 그 제자들 | 우봉규 ▣ ✿

453 논어 | 윤홍식 ▣

454 장자 | 이기동 ▣ ✿

455 맹자 | 장현근 ▣ ✿

456 관자 | 신창호 ▣ ✿

457 순자 | 윤무학 ▣ ✿

458 미사일 이야기 | 박준복 ▣

459 사주(四柱) 이야기 | 이지형 ▣ ✿

460 영화로 보는 로큰롤 | 김기범 ▣

461 비타민 이야기 | 김정환 ▣ ✿

462 장군 이순신 | 도현신 ▣ ✿

463 전쟁의 심리학 | 이윤규 ▣

464 미국의 장군들 | 여영무 ▣

465 첨단무기의 세계 | 양낙규 ▣

466 한국무기의 역사 | 이내주 ▣

467 노자 | 임헌규 ▣ ✿

468 한비자 | 윤찬원 ▣ ✿

469 묵자 | 박문현 ▣ ✿

470 나는 누구인가 | 김용신 ▣ ✿

471 논리적 글쓰기 | 여세주 ▣ ✿

472 디지털 시대의 글쓰기 | 이강룡 ✿

473 NLL을 말하다 | 이상철 ▣ ✿

474 뇌의 비밀 | 서유헌 ▣ ✿

475 버트런드 러셀 | 박병철 ▣

476 에드문트 후설 | 박인철 ▣

477 공간 해석의 지혜, 풍수 | 이지형 ▣

478 이야기 동양철학사 | 강성률 ▣

479 이야기 서양철학사 | 강성률 ▣ ✿

480 독일 계몽주의의 유학적 기초 | 전홍석 ▣

481 우리말 한자 바로쓰기 | 안광희 ▣

482 유머의 기술 | 이상훈 ▣

483 관상 | 이태룡 ▣

484 가상학 | 이태룡 ▣

485 역경 | 이태룡 ▣

486 대한민국 대통령들의 한국경제 이야기 1 | 이장규 ▣ ✿

487 대한민국 대통령들의 한국경제 이야기 2 | 이장규 ▣ ✿

488 별자리 이야기 | 이형철 외 ▣ ✿

489 셜록 홈즈 | 김재성 ▣

490 역사를 움직인 중국 여성들 | 이양자 ▣ ✿

491 중국 고전 이야기 | 문승용 ▣ ✿

492 발효 이야기 | 이미란 ▣ ✿

493 이승만 평전 | 이주영 ▣ ✿

494 미군정시대 이야기 | 차상철 ▣ ✿

495 한국전쟁사 | 이희진 ▣ ✿

496 정전협정 | 조성훈 ▣ ✿

497 북한 대남 침투도발사 | 이윤규 ▣

498 수상 | 이태룡 ▣

499 성명학 | 이태룡 ▣

500 결혼 | 남정욱 ▣ ✿

501 광고로 보는 근대문화사 | 김병희 ▣ ✿

502 시조의 이해 | 임형선 ▣

503 일본인은 왜 속마음을 말하지 않을까 | 임영철 ▣

504 내 사랑 아다지오 | 양태조 ▣

505 수프림 오페라 | 김도윤 ▣

506 바그너의 이해 | 서정원 ▣

507 원자력 이야기 | 이정익 ▣

508 이스라엘과 창조경제 | 정성호 ▣

509 한국 사회 빈부의식은 어떻게 변했는가 | 김용신 ▣

510 요하문명과 한반도 | 우실하 ▣

511 고조선왕조실록 | 이희진 ▣

512 고구려조선왕조실록 1 | 이희진 ▣

513 고구려조선왕조실록 2 | 이희진 ▣

514 백제왕조실록 1 | 이희진 ▣

515 백제왕조실록 2 | 이희진 ▣

516 신라왕조실록 1 | 이희진 ▣

517 신라왕조실록 2 | 이희진

518 신라왕조실록 3 | 이희진

519 가야왕조실록 | 이희진 ▣

520 발해왕조실록 | 구난희 ▣

521 고려왕조실록 1 (근간)

522 고려왕조실록 2 (근간)

523 조선왕조실록 1 | 이성무 ▣

524 조선왕조실록 2 | 이성무 ▣

525 조선왕조실록 3 | 이성무 ▣
526 조선왕조실록 4 | 이성무 ▣
527 조선왕조실록 5 | 이성무 ▣
528 조선왕조실록 6 | 편집부 ▣
529 정한론 | 이기용 ▣
530 청일전쟁 (근간)
531 러일전쟁 (근간)
532 이슬람 전쟁사 | 진원숙 ▣
533 소주이야기 | 이지형 ▣
534 북한 남침 이후 3일간, 이승만 대통령의 행적 | 남정옥
535 제주 신화 1 | 이석범
536 제주 신화 2 | 이석범
537 제주 전설 1 | 이석범
538 제주 전설 2 | 이석범
539 제주 전설 3 | 이석범
540 제주 전설 4 | 이석범
541 제주 전설 5 | 이석범
542 제주 민담 | 이석범
543 서양의 명장 | 박기련 ▣
544 동양의 명장 | 박기련 ▣
545 루소, 교육을 말하다 | 고봉만 · 황성원 ▣
546 철학으로 본 앙트러프러너십 | 전인수 ▣
547 예술과 앙트러프러너십 | 조명계 ▣
548 예술마케팅 (근간)
549 비즈니스상상력 | 전인수
550 개념설계의 시대 | 전인수 ▣
551 미국 독립전쟁 | 김형곤 ▣
552 미국 남북전쟁 | 김형곤 ▣
553 초기불교 이야기 | 곽철환 ▣
554 한국가톨릭의 역사 | 서정민 ▣
555 시아 이슬람 | 유흥태 ▣
556 스토리텔링에서 스토리두잉으로 | 윤주 ▣
557 백세시대의 지혜 | 신현동 ▣
558 구보 씨가 살아온 한국 사회 | 김병희 ▣
559 정부광고로 보는 일상생활사 | 김병희
560 정부광고의 국민계몽 캠페인 | 김병희
561 도시재생이야기 | 윤주 ▣ 🔍
562 한국의 핵무장 | 김재엽 ▣
563 고구려 비문의 비밀 | 정호섭 ▣
564 비슷하면서도 다른 한중문화 | 장범성
565 급변하는 현대 중국의 일상 | 장시,리우린,장범성
566 중국의 한국 유학생들 | 왕링윈, 장범성 ▣
567 밥 딜런 그의 나라에는 누가 사는가 | 오민석 ▣
568 언론으로 본 정부 정책의 변천 | 김병희
569 전통과 보수의 나라 영국 1─영국 역사 | 한일동
570 전통과 보수의 나라 영국 2─영국 문화 | 한일동
571 전통과 보수의 나라 영국 3─영국 현대 | 김언조
572 제1차 세계대전 | 윤형호
573 제2차 세계대전 | 윤형호
574 라벨로 보는 프랑스 포도주의 이해 | 전경준
575 미셸 푸코, 말과 사물 | 이규현
576 프로이트, 꿈의 해석 | 김석
577 왜 5왕 | 홍성화
578 소가씨 4대 | 나행주

579 미나모토노 요리토모 | 남기학
580 도요토미 히데요시 | 이계황
581 요시다 쇼인 | 이희복
582 시부사와 에이이치 | 양의모
583 이토 히로부미 | 방광석
584 메이지 천황 | 박진우
585 하라 다카시 | 김영숙
586 히라쓰카 라이초 | 정애영
587 고노에 후미마로 | 김봉식
588 모방이론으로 본 시장경제 | 김진식
589 보들레르의 풍자적 현대문명 비판 | 이건수 ▣
590 원시유교 | 한성구
591 도가 | 김대근

동물 행동학

| 펴낸날 | 초판 1쇄 2004년 4월 25일 |
| | 초판 3쇄 2020년 12월 31일 |

지은이	임신재
펴낸이	심만수
펴낸곳	(주)살림출판사
출판등록	1989년 11월 1일 제9-210호

주소	경기도 파주시 광인사길 30
전화	031-955-1350 팩스 031-624-1356
홈페이지	http://www.sallimbooks.com
이메일	book@sallimbooks.com

| ISBN | 978-89-522-0497-4 04080 |
| | 978-89-522-0096-9 04080 (세트) |

126 초끈이론 아인슈타인의 꿈을 찾아서 eBook

박재모(포항공대 물리학과 교수)·현승준(연세대 물리학과 교수)

빠르게 발전하고 있는 초끈이론을 일반대중이 이해할 수 있도록 쉽게 풀어쓴 책. 중력을 성공적으로 양자화하고 모든 종류의 입자와 그들 간의 상호작용을 포함하는 모형으로 각광받고 있는 초끈이론을 설명한다. 초끈이론을 이해하기 위해 필요한 양자역학이나 일반상대론 등 현대물리학의 제 분야에 대해서도 알기 쉽게 소개한다.

125 나노 미시세계가 거시세계를 바꾼다 eBook

이영희(성균관대 물리학과 교수)

박테리아 크기의 1000분의 1에 해당하는 크기인 '나노'가 인간 세계를 어떻게 바꿔 놓을 것인지에 대한 해답을 제시하는 책. 나노기술이란 무엇이고 나노크기의 재료들은 어떻게 만들어지는가, 나노크기의 재료들을 어떻게 조작해 새로운 기술들을 이끌어내는가, 조작을 통해 어떤 기술들을 실현하는가를 다양한 예를 통해 소개한다.

448 파이온에서 힉스 입자까지 eBook

이강영(경상대 물리교육과 교수)

누구나 한번쯤 '우주는 어디에서 시작됐을까?' '물질의 근본은 어디일까?'와 같은 의문을 품어본 적은 있을 것이다. 물질과 에너지의 궁극적 본질에 다가가면 다가갈수록 우주의 근원을 이해하는 일도 쉬워진다고 한다. 이 책은 바로 이러한 질문들의 해답을 찾기 위해 애쓰는 물리학자들의 긴 여정을 담고 있다.

035 법의학의 세계 eBook

이윤성(서울대 법의학과 교수)

최근 드라마나 영화를 통해 일반인의 호기심을 자극하고 있지만 거의 알려지지 않은 법의학을 소개한 책. 법의학의 여러 분야에 대한 소개, 부검의 필요성과 절차, 사망의 원인과 종류, 사망시각 추정과 신원확인, 교통사고와 질식사 그리고 익사와 관련된 흥미로운 사건들을 통해 법의학에 대한 이해를 돕는다.

395 적정기술이란 무엇인가 `eBook`

김정태(적정기술재단 사무국장)

적정기술은 빈곤과 질병으로부터 싸우고 있는 전 세계의 사람들에게 희망을 안겨주는 따뜻한 기술이다. 이 책에서는 적정기술이 탄생하게 된 배경과 함께 적정기술의 역사, 정의, 개척자들을 소개함으로써 적정기술에 대한 기본적인 이해를 돕고 있다. 소외된 90%를 위한 기술을 통해 독자들은 세상을 바꾸는 작지만 강한 힘이란 무엇인가에 대해서 알 수 있을 것이다.

022 인체의 신비

이성주(코리아메디케어 대표)

내 자신이었으면서도 여전히 낯설던 몸에 대한 지식을 문학, 사회학, 예술사, 철학 등을 접목시켜 이야기해 주는 책. 몸과 마음의 신비, 배에서 나는 '꼬르륵' 소리의 비밀, '키스'가 건강에 이로운 이유, 인간은 왜 언제든 '사랑'할 수 있는가에 대한 여러 학설 등 일상에서 일어나는 수수께끼를 명쾌하게 풀어 준다.

036 양자 컴퓨터 `eBook`

이순칠(한국과학기술원 물리학과 교수)

21세기 인류 문명에서 가장 중요한 요소 중의 하나로 꼽히는 양자 컴퓨터의 과학적 원리와 그 응용의 효과를 소개한 책. 물리학과 전산학 등 다양한 학문적 성과의 총합인 양자 컴퓨터에 대한 이해를 통해 미래사회의 발전상을 가늠하게 해준다. 저자는 어려운 전문용어가 아니라 일반 대중도 이해가 가능하도록 양자학을 쉽게 설명하고 있다.

214 미생물의 세계 `eBook`

이재열(경북대 생명공학부 교수)

미생물의 종류 및 미생물과 관련하여 우리 생활에서 마주칠 수 있는 여러 현상들에 대해, 알기 쉽게 풀어 설명한다. 책을 읽어나가며 독자들은 미생물들이 나름대로 형성한 그들의 세계가 인간의 그것과 다름이 없음을, 미생물도 결국은 생물이고 우리와 공생하고 있다는 사실을 알 수 있을 것이다.

375 레이첼 카슨과 침묵의 봄　　eBook

김재호(소프트웨어 연구원)

『침묵의 봄』은 100명의 세계적 석학이 뽑은 '20세기를 움직인 10권의 책' 중 4위를 차지했다. 그 책의 저자인 레이첼 카슨 역시 「타임」이 뽑은 '20세기 중요인물 100명' 중 한 명이다. 과학적 분석력과 인문학적 감수성을 융합하여 20세기 후반 환경운동에 절대적 영향을 준 레이첼 카슨과 『침묵의 봄』에 대한 짧지만 알찬 안내서.

277 사상의학 바로 알기　　eBook

장동민(하늘땅한의원 원장)

이 책은 사상의학이라는 단어는 알고 있지만 심리테스트 정도의 흥밋거리로 알고 있는 사람들에게 바른 상식을 알려 준다. 또한 한의학이나 사상의학을 전공하고픈 학생들의 공부에 기초적인 도움을 준다. 사상의학의 탄생과 역사에서부터 실생활에서 적용할 수 있는 간단한 사상의학의 방법들을 소개한다.

356 기술의 역사 _펜석기에서 유전자 재조합까지_

송성수(부산대학교 기초교육원 교수)

우리는 기술을 단순히 사물의 단계에서 생각하기 쉽다. 하지만 기술에는 인간의 삶과 사회의 배경이 녹아들어 있다. 기술의 역사를 통해 우리는 기술과 문화, 기술과 인간의 삶을 연결시켜 생각할 수 있게 될 것이다. 이 책을 읽은 후 주변에 있는 기술을 다시 보게 되면, 그 기술이 뭔가 다른 느낌으로 다가올 것이다.

319 DNA분석과 과학수사　　eBook

박기원(국립과학수사연구소 연구관)

범죄수사에서 유전자분석에 대한 관심이 커지고 있지만 간단하게 참고할 만한 책은 거의 없는 실정이다. 이 책은 적은 분량이지만 가능한 모든 분야와 최근의 동향을 소개하고 있다. 특히, 내용의 이해를 돕기 위하여 서래마을 영아유기사건이나 대구지하철 참사 신원조회 등 실제 사건의 감정 사례를 소개하는 데도 많은 비중을 두었다.

eBook 표시가 되어있는 도서는 전자책으로 구매가 가능합니다.

022 인체의 신비 | 이성주

023 생물학 무기 | 배우철 eBook

032 최면의 세계 | 설기문 eBook

033 천문학 탐구자들 | 이면우

034 블랙홀 | 이충환 eBook

035 법의학의 세계 | 이윤성 eBook

036 양자 컴퓨터 | 이순칠 eBook

124 우주 개발의 숨은 이야기 | 정홍철 eBook

125 나노 | 이영희 eBook

126 초끈이론 | 박재모 · 현승준 eBook

183 인간복제의 시대가 온다 | 김홍재

184 수소 혁명의 시대 | 김미선 eBook

185 로봇 이야기 | 김문상 eBook

214 미생물의 세계 | 이재열 eBook

215 빛과 색 | 변종철 eBook

216 인공위성 | 장영근 eBook

225 권오길교수가 들려주는 생물의 섹스 이야기 | 권오길 eBook

226 동물행동학 | 임신재 eBook

258 질병의 사회사 | 신규환

272 의학사상사 | 여인석

273 서양의학의 역사 | 이재담

274 몸의 역사 | 강신익

275 인류를 구한 항균제들 | 예병일

276 전쟁의 판도를 바꾼 전염병 | 예병일

277 사상의학 바로 알기 | 장동민

278 조선의 명의들 | 김호

287 별을 보는 사람들 | 조상호

319 DNA분석과 과학수사 | 박기원

341 하지홍 교수의 개 이야기 | 하지홍

356 기술의 역사 | 송성수

373 꼭 알아야 하는 미래 질병 10가지 | 우정헌 eBook

374 과학기술의 개척자들 | 송성수 eBook

375 레이첼 카슨과 침묵의 봄 | 김재호 eBook

379 어떻게 일본 과학은 노벨상을 탔는가 | 김범성 eBook

389 위대한 여성 과학자들 | 송성수 eBook

395 적정기술이란 무엇인가 | 김정태 · 홍성욱 eBook

415 쓰나미의 과학 | 이호준 eBook

442 소프트웨어가 세상을 지배한다 | 김재호 eBook

448 파이온에서 힉스 입자까지 | 이강영 eBook

458 미사일 이야기 | 박준복 eBook

461 비타민 이야기 | 김정환 eBook

465 첨단무기의 세계 | 양낙규 eBook

470 나는 누구인가 | 김용신 eBook

474 뇌의 비밀 | 서유헌 eBook

488 별자리 이야기 | 김형철 외 eBook

(주)살림출판사
www.sallimbooks.com
주소 경기도 파주시 문발동 522-1 | 전화 031-955-1350 | 팩스 031-955-1355